# Odisea del Norte

# Otras obras de Mario Bencastro publicadas por Arte Público Press

*Disparo en la catedral*

*Arbol de la vida: Historias de la guerra civil*

*A Shot in the Cathedral*

*The Tree of Life: Stories of Civil War*

*Odyssey to the North*

# *Odisea del Norte*

## Mario Bencastro

Arte Público Press
Houston, Texas
1999

Esta edición ha sido subvencionada por el Fondo Nacional para las Artes, la Fundación Andrew W. Mellon, y la Ciudad de Houston por medio del Consejo Cultural de Arte de Houston, Harris County.

*Recuperando el pasado, creando el futuro*

Arte Público Press
University of Houston
Houston, Texas 77204-2174

Arte por Alejandro Romero
Diseño de la cubierta por Ken Bullock

Bencastro, Mario.
    Odisea del norte / by Mario Bencastro.
    p.    cm.
    ISBN 1-55885-266-2 (trade pbk.)
    I. Title.
PQ7539.2.B46035    1999
863—dc21                                                        99-50015
                                                                    CIP

1 2 3 4 5 6 7 8          10 9 8 7 6 5 4 3 2

# Agradecimientos

A todas las personas e instituciones que con sus testimonios, ideas, entrevistas, trabajos y reportajes ayudaron a la realización de esta obra; en especial al escritor Carlos Quiroa, a la abogada Susan Giersbach Rascón, al sociólogo Segundo Montes, escritor Carlos María Gutiérrez ("Milonga del fusilado"), a la escritora Consuelo Hernández, a los periódicos *El Tiempo Latino* de Washington DC (Carlos M. Cabán) y *The Arizona Daily Star* (Rob Levin), a la Biblioteca del Congreso de los Estados Unidos.

# Aclaración

*Esta es una obra de creación literaria en que ciertos acontecimientos, combinados con situaciones y personajes de la invención del autor, se narran en forma ficticia. A excepción del contenido de algunos de los artículos periodísticos, cualquier semejanza con sucesos, lugares y personas reales, vivas o fallecidas, es pura coincidencia.*

El autor

Venían de lugares lejanos
Con ilusiones al hombro
Buscando la tierra del oro.

Muchos perecieron en la travesía
Otros llegaron a ciudades extrañas
Encontraron la esperanza
Iniciaron nueva vida.

Algunos continuaron la marcha
Más allá del horizonte.

# 1

"¡Hoy será un precioso día en Washington!" exclamó la voz de la radio. "Cielo azul despejado, con temperatura en los 70 grados, soleado sin pronóstico de lluvia. ¡Perfecto día de primavera!"

Dos agentes de la policía hacían sus rondas por el barrio Adams Morgan, con las ventanas del carro-patrulla abiertas para recibir la brisa fresca que, al acariciar la arboleda del parque Rock Creek, acarreaba perfume de flores de múltiples colores proyectadas sobre el delicado cielo azul.

La metálica voz del transmisor de la central de policía los sacó de sus cavilaciones, ordenándoles dirigirse de inmediato a un edificio de la calle Harvard situado frente al parque zoológico, a escasos minutos de donde se hallaban.

Cuando llegaron al lugar indicado, tuvieron que abrirse paso entre los numerosos vecinos que habían acudido a los gritos desesperados de una mujer.

Ordenaron a la gente que se apartara y pudieron entonces apreciar la causa del tumulto: Un cuerpo despatarrado como pegado al cemento caliente. Cabeza demolida. Rostro de facciones desfiguradas en mueca de dolor. Ojos aún abiertos, de mirada enigmática. Brazos y piernas dispuestos en forma incoherente, discordes con la simetría normal del cuerpo humano. Una pierna doblada con el pie a la altura del cuello. Un hombro completamente separado como por la fuerza de un solo tajo.

—¡El hombre araña! —exclamó alguien.

Uno de los policías se acercó al que había gritado.

—¡Oye, más respeto, que esto no es broma!

El hombre dio la vuelta y se marchó cabizbajo. Pero cuando ya estaba fuera de alcance del agente, se volvió y gritó: "¡El hombre araña! ¡El hombre araña!" y corrió en dirección del parque zoológico para esconderse entre unos arbustos.

*Mario Bencastro*

El policía tuvo la intención de perseguirlo pero se conformó con pensar en un insulto, mordiéndose los labios para que no se le escapara por la boca.

—¿Hay alguien aquí que conozca a la víctima? —interrogó el otro agente, escrutando con la mirada indecisa al grupo de curiosos.

Nadie se atrevió a decir nada.

—¿Usted? —preguntó a un hombre de piel bronceada—. ¿Lo conoce?

—No hablo inglés —contestó temeroso.

—¿Tú, conocer, muerto? —insistió el agente titubeando un castellano con fuerte acento.

—Tampoco hablo español —precisó el hombre en un burdo inglés—. Soy de Afganistán.

El policía mostró gran desconcierto ante el silencio de la gente. Un fuerte rugido de león vino del zoológico.

Una mujer finalmente se acercó al uniformado, con voz presa de ansiedad.

—Yo regresaba de la tienda y cuando subía las gradas para entrar en el edificio oí un grito . . . Luego vi la figura de un hombre en el cielo . . . Con los brazos extendidos como si volara . . . Pero se vino a pique y cayó de cabeza sobre el cemento . . . Quedó hecho una bola de carne y sangre . . . No se movió más . . .

La gente observaba con la boca abierta a la mujer que, aterrorizada, describía el suceso. El policía anotaba los detalles en una diminuta libreta. Un reportero tomaba incontables fotos por segundo, como si su propósito fuera satisfacer el hambre voraz de la cámara.

Volvieron a escucharse los gritos "¡El hombre araña! ¡El hombre araña!", pero esta vez fueron ignorados por completo.

Calixto se encontraba entre los espectadores, atemorizado, boquiabierto, lívido, sin poder decir una palabra sobre la tragedia; incapaz de atestiguar que cuando limpiaban el lado exterior de las ventanas del octavo piso, la cuerda atada a la cintura de su compañero se rompió. Temía que le culparan a él la muerte y terminar en la cárcel, si es que no lo deportaban por indocumentado. "Entonces," pensaba, "¿quién va a mantener a mi familia?"

El intendente del edificio observaba la escena desde el vestíbulo. Tampoco estaba dispuesto a abrir la boca. Temía perder el trabajo

2

por permitir que limpiaran ventanas a semejante altura sin disponer del equipo apropiado para tan peligrosa faena. Descubrirían que empleaba indocumentados y les pagaba una tercera parte de lo que una compañía de limpieza normalmente cobraba.

La sirena de la ambulancia irrumpió en el vecindario con tal estridencia que asustó a los animales del zoológico. El león rugió como si protestara por el bullicio.

Los enfermeros se abrieron paso y extendieron la camilla en el suelo cerca del cuerpo. Al cabo de un corto examen, uno de ellos dijo secamente: "Ya está muerto", confirmando lo que todos sabían.

—¿Quién era? —preguntó un enfermero al policía—. ¿Cómo se llamaba?

—No se sabe. Nadie parece reconocerlo.

—Por las facciones de la cara diría que era latino —afirmó el otro enfermero al observar de cerca el cadáver.

—Quizás lo era —comentó el agente—. Esos siempre andan metidos en problemas.

—Posiblemente era de Centroamérica —dijo una señora, apretando la cartera contra su pecho—. En este barrio viven muchos de ellos . . . Ustedes saben, vienen huyendo de los problemas en sus países . . .

—Si no era de El Salvador seguramente era de Guatemala —afirmó un enfermero—. Aunque ahora vienen de todas partes. De Bolivia, Perú, Colombia. En el pasado éramos nosotros los que invadíamos sus países, ahora ellos invaden el nuestro. Muy pronto Washington parecerá Latinoamérica.

—Pobres diablos —dijo el otro enfermero—. Mueren lejos de su tierra, desconocidos.

En el zoológico, mientras tanto, el fuerte rugido del león fue correspondido por el de la leona. La pareja de felinos, ajena a los conflictos que se desarrollaban en sus alrededores, consumaba la reproducción de su especie, parte del antiguo ritual de primavera.

Los enfermeros metieron el cadáver en la ambulancia. Se marcharon los policías. Los curiosos desaparecieron. Una extraña mancha roja quedó dibujada en el cemento.

Calixto se internó en el zoológico y caminó distraídamente entre las jaulas de los animales, pensando en su compañero que tan sólo media hora atrás le comentaba que ya había comprado el boleto del avión para regresar a su país, donde planeaba abrir una tienda de abarrotes con los ahorros de cinco años de intenso trabajo en los Estados Unidos.

De pronto, Calixto se percató de que solamente en cosa de minutos se había quedado sin empleo, lo cual le afligió sobremanera al recordar que para conseguir el trabajo de limpiar ventanas, le había tomado cerca de mes y medio de constante búsqueda.

Permaneció en el zoológico el día entero y, mientras se debatía internamente entre regresar a su país o continuar buscando fortuna en Washington, recorrió el lugar varias veces de extremo a extremo. Cuando cerraron el parque se echó a caminar por largas calles con extraños nombres, hasta que por fin anocheció y no tuvo más remedio que regresar a su morada: un apartamento de un dormitorio que ocupaban veinte personas.

"Por lo menos estoy vivo," dijo para sí. "Con eso tengo bastante."

# 2

Calixto abandonó su lecho temprano y, aún en ayunas, salió del apartamento con el fin de buscar empleo. Se detuvo en varios negocios a lo largo de la Columbia Road en los cuales, de acuerdo con los comentarios que había escuchado en el apartamento, hablaban español. Pero no le ofrecieron ni mínimas esperanzas de trabajo porque carecía de la tarjeta de residencia y la del seguro social. Sin embargo no se dio por vencido y pensó: "Algún trabajo he de encontrar. Aunque sea de limpiar letrinas, no importa; en este país nadie se avergüenza de nada."

Para aliviar un poco la desesperación, se detuvo frente a la vitrina de una tienda de ropa. Su mirada se estancó en el diminuto cocodrilo que adornaba una camisa y el precio lo asustó. Sobre todo cuando recordó que en su país hacían ropa como ésa, y que en su barrio todo el mundo lucía la figura aquella prendida del pecho, y no importaba que el cocodrilo destiñera con la primera lavada, se desprendiera con la segunda y que, a la tercera, del reptil no quedara más que un hoyo en la camisa. Calixto pensó que era inútil soñar con cosas nuevas cuando no se tenía ocupación, y continuó el recorrido sobre la Columbia Road. Al llegar a la esquina de la calle 18 se le ocurrió entrar en el restaurante McDonald's, pues un compatriota originario de Intipucá que conoció en el apartamento comentó que había escuchado a un amigo decir que ahí existían posibilidades de empleo. Fijó su atención en un hombre de tez bronceada que recogía papeles del suelo y limpiaba mesas. "Tiene cara de latino," pensó, al tiempo que se acercaba a él y decía:

—Mire usted, ¿no sabe si aquí hay trabajo?

El hombre contestó con una sonrisa, señas inciertas, gestos extraños y movimientos de cabeza.

—Trabajo. De limpiar platos, o lo que sea.

Calixto ignoraba que el hombre era hindú y no hablaba español.

—¡Pendejo! —dijo sumamente frustrado ante la sonrisa a flor de labio del hombre.

Salió desesperado del restaurante y por un momento se detuvo en la esquina, sin saber qué hacer, si caminar sobre la calle 18 o continuar sobre la Columbia Road. Lo asaltó el recuerdo de su barrio, la vida de hambre y miseria que allá llevaba, y pensó que hasta entonces poco o nada había cambiado su situación, porque en este país también sufría y le era difícil establecer si era mejor estar aquí o allá. De lo que estaba cien por ciento seguro era de que se encontraba sin trabajo, y de que no tenía en su bolsillo ni siquiera un par de dólares para comprar una cerveza y apaciguar con ella la desgracia de encontrarse solo y desamparado en un país extraño.

Continuó deambulando por la avenida Connecticut y caminó hasta los alrededores del parque Dupont Circle. Tomó asiento en una banca y se dedicó a observar a los transeúntes y a los ancianos que tomaban el sol y tiraban migas de pan a las palomas. Le llamaron la atención varios mendigos que arrastraban grandes bultos, los que aparentemente representaban sus pertenencias. "Lo que estos hombres cargan son bolsas de basura," pensó. Recordó a Chiva Vieja, uno de los tantos pordioseros de su barrio que también cargaba bolsones de basura, y Calixto concluyó que la miseria estaba en todas partes. Se consoló al pensar en que él, al menos, estaba sano y tenía una familia, aunque en estos momentos estuviera lejos de ella.

Regresó al apartamento cuando ya había anochecido y recibió la grata sorpresa de encontrar ahí a Juancho, su primo.

—Mañana empiezo a trabajar en un hotel, te venís conmigo, me han dicho que necesitan gente porque hace unos días agentes de la Migra capturaron muchos empleados.

—¡Pues vamos! —aceptó Calixto—. A lo mejor también yo consigo empleo.

—Mañana te espero en la esquina de la Columbia Road y la 18, a las 8 en punto de la mañana.

—Ahí estaré sin falta.

Se despidió del primo y se acostó con el estómago vacío pero alimentado de cierta esperanza.

Al día siguiente que fueron al hotel el administrador confirmó que, en efecto, necesitaba gente urgentemente y que podían empezar a trabajar en ese mismo instante.

"La desgracia de unos es la fortuna de otros," dijo para sí Calixto.

Inmediatamente vistieron los uniformes y pasaron a la cocina.

—Parecemos enfermeros. Nunca me había vestido de blanco.

—Todos los nunca se llegan.

Acostumbrado a sobrevivir en situaciones difíciles, Calixto era una persona sumamente optimista. Poseía la valentía necesaria para dejar su tierra y marcharse a un país completamente extraño. Como decían en su barrio, "no le arrugaba la cara a nada", porque era hombre "hecho y derecho".

# 3

*(Cocina del restaurante de un hotel. Calixto, Caremacho y Juancho*
*platican mientras lavan platos.)*

Yo me vine a los Estados Unidos porque la situación en mi país se puso color de hormiga.

Yo también. Llegó un momento en que las cosas estaban tan difíciles que era imposible conseguir trabajo.

¿Te acordás Caremacho de lo que sucedió en la colonia?

¡Claro que sí!

(Calixto se muestra bastante intrigado.)

¿Y qué pasó?

Es que, desde que mataron a Quique, un amigo, la situación se puso peor, y todo el mundo andaba afligido.

Pero, ¿qué pasó?

Es que una madrugada encontraron el cadáver de Quique. Lo habían torturado.

Dicen que ya lo habían arrestado una vez.

Estaba en la lista negra.

¿Y por qué?

Ya estaba señalado.

Parte del problema fue el alcohol. Era más borracho que el guaro.

Cierto. Y esa vez, como de costumbre, Quique había ido a tomarse unos tragos a la cantina "Las tres calaveras".

Y de allí salió casi a rastras.

Perdió el control de sí mismo. Y en el comedor de doña Chica se puso a hablar más de la cuenta.

Se le fue la lengua. Y, como dicen que "las paredes oyen", lo reportaron.

Por tonto.

Dicen que cuando vio a la patrulla intentó escapar. Corrió como alma que llevaba el diablo.

Pero no lo logró. Porque, igual, lo pescaron.

Pero Quique era valiente.

Cierto. Valiente, necio y atrevido.

Y a la hora de la verdad sacó un cuchillo.

Y por último se defendió a puñetazos, patadas y mordidas.

Pero aún así no consiguió defenderse.

Y ahí mismo lo arrestaron.

Desde entonces todos andábamos con mucho cuidado.

Cierto. Yo me dije: "Con ésta me marcho". Antes de que otra cosa sucediera y yo también corriera la misma suerte.

¿Y vos, por qué?

Porque Quique y yo éramos grandes amigos. Y podían creer que yo también andaba metido en los mismos líos.

Yo no me vine por temor. Sino porque ya estaba cansado de aguantar hambre, de buscar y no encontrar ni un miserable trabajo. Así que pedí prestado el dinero para el viaje y vine a buscar suerte.

Lo mismo hice yo. Y miren, aquí estoy.

¿Y vos, Calixto, por qué estás aquí?

Un día de éstos les contaré mi historia. Pero lo cierto es que ya estamos aquí.

Ya no nos morimos de hambre.

Ni corremos peligro de que nos encarcelen por problemas políticos.

Aunque tampoco aquí la cosa es color de rosa.

Tenés razón, Calixto.

# 4

Cuando varios hombres llegaron al mesón Misericordia en busca de Calixto, Lina, su mujer, se encontraba en la pieza de su comadre Hortensia, en el otro extremo de la residencia. Un vecino corrió a avisarle.

—¡Ahí buscan a don Calixto para arrestarlo!

—¿Arrestarlo por qué? —preguntó Lina.

—¡Dicen que por enemigo del gobierno!

—¡Cuidado con ir a la pieza! —intervino Hortensia.

—¡Dulce Nombre de Jesús! —gritó Lina, presa del terror—. ¿Qué hacemos?

—¡Lo primero es avisarle a Calixto! ¡Deje a los niños conmigo y corra al trabajo!

Lina salió veloz, deseando ser pájaro y volar donde Calixto antes de que lo sorprendieran. La aflicción hizo que ignorara el ardiente sol que le calcinaba las sienes, y apresuró la carrera al pensar en que la vida de su esposo dependía de ella. Sus hijos se quedaron afligidos y llorando pero recordó que estaban en buenas manos. Hortensia era madrina de los tres. Los habían bautizado juntos en la iglesia del tugurio, una enramada incrustada en un terreno baldío, rodeada de basura, polvo, moscas y perros callejeros, en que sobre un altar improvisado un cura muy popular en aquel barrio celebraba misa dominical, el mismo cura risueño cuyo cadáver encontraron tiempo después bajo la enramada.

Sudando profusamente bajo el intenso sol, Lina llegó por fin al lugar en que trabajaba Calixto quien, al advertir la cara trastornada de su mujer, al instante comprendió que algo andaba mal, y salió a su encuentro.

—¡Te andan buscando! —dijo ella con un grito apagado por la aflicción y el cansancio—. ¡Estás señalado como enemigo del gobierno!

—¡No puede ser, si yo no ando metido en política, vos bien lo sabés!

—¡Tenés que irte de aquí pronto y esconderte, antes de que te encuentren!

—¡Me han confundido o me han calumniado! Una de dos.

—¡No importa, estás señalado!

—Sí, pero . . .

No terminó lo que iba a decir porque el grito de "¡Calixto, ahí te buscan!" lo atemorizó al punto de robarle las palabras.

—¡Andate!

—¿Y para dónde?

—¡Donde el compadre Lencho!

Como un gato saltó entre los arbustos y desapareció. Ella se marchó por el camino que había venido, el mismo que recorría diariamente al mediodía para traer el almuerzo a Calixto, en un portaviandas de peltre que acomodaba el alimento de todos los días. Arroz, frijoles, tortillas y un trozo de queso fresco. Ella lo acompañaba mientras él comía atropelladamente, sentados sobre un pedazo de madera, entre máquinas y bolsas de cemento y cerros de arena, en aquel lugar en que construían uno de tantos edificios que en ese tiempo se erigían en la capital. El comía en silencio, con hambre y cansancio, preocupado por el trabajo, duro y de mala paga, que en unas semanas se acabaría. La preocupación de ella eran los chiquillos, a quienes dejaba jugando en el patio bajo el cuidado de la bondadosa comadre.

"Bendito sea el Señor que no lo agarraron," pensaba mientras volvía a casa. Luego recordó la cara de angustia con que sus hijos se habían quedado y apresuró el paso hasta convertirlo en carrera, deteniéndose en las cercanías del lugar para avanzar cautelosamente hacia la pieza de la amiga. Oyó la voz de la vieja consolando a los pequeños que gemían. Respiró con alivio y al entrar los abrazó con toda la delicadeza de que era capaz en tan difícil momento, y ellos cesaron de llorar al sentirse de nuevo seguros en el regazo materno.

El temor de ser capturado empujaba a Calixto a recorrer la ciudad con paso apresurado sin experimentar mayor cansancio. Finalmente llegó al barrio que buscaba pero la desesperación le había nublado la memoria y no recordaba las señas del domicilio del compadre. El viejo Lencho era un antiguo amigo con quien decidieron abandonar la remota aldea de ranchos de paja y adobe, en que sobrevivían con el cultivo de pequeñas parcelas de terreno montañoso, para venir a buscar mejor suerte a la capital. Corto tiempo después, el caserío fue totalmente destruido en un cruento enfrentamiento armado entre el ejército del gobierno y las fuerzas rebeldes.

Cuando reconoció el mesón, encontró cerrada la pieza que ocupaba su compadre.

—Don Lencho no tarda en regresar —dijo una vecina—. Si gusta espérelo.

—Gracias.

Calixto tomó asiento en un taburete de madera y entonces se percató del cansancio y el sudor que le bañaba el cuerpo. "Estoy sudando como macho de carga," pensó mientras observaba a la gente que entraba y salía del mesón, y escuchaba la confusa música de múltiples radiorreceptores que se mezclaba con las voces de los inquilinos.

El viejo Lencho apareció en la entrada del mesón y atravesó el patio con el paso lento que lo caracterizaba, y cuando advirtió la presencia de Calixto quedó un tanto sorprendido por su rostro marcado por la preocupación. "Como si hubiera visto al diablo," pensó al abrir la puerta.

—Hola, compadre Calixto. ¡Qué sorpresa verlo por aquí!

Indicó a Calixto sentarse sobre la tijera de lona y le sirvió un vaso de agua fresca del cántaro de barro. Aunque no había dicho una sola palabra, el viejo presintió que su amigo andaba en problemas.

—Diga, compadre, ¿en qué puedo servirle?

Entre largos sorbos de agua, Calixto relató el incidente.

—Suerte ha tenido, compadre —dijo el viejo—. Suerte que no lo pescaron, si no, a estas horas, quién sabe qué sería de usted . . .

—Es cierto. ¡Qué gran suerte la mía! Gracias a Dios.

—Por lo demás no se aflija compadre, que aquí puede estarse todo el tiempo que sea necesario. Y si quiere tráigase también a la comadre y a los niños.

—Muchas gracias, compadre, no sabe cuánto se lo agradezco.

—No hay de qué. Hoy por ti, mañana por mí, como dice el dicho.

Calixto respiró con alivio. Lo único que en esos momentos le oprimía el alma era desconocer cómo se encontraban su mujer y sus hijos. Pero tenía la firme convicción de que Lina se las arreglaría de cualquier forma para protegerlos. "Como mi Lina no hay otra," se dijo con satisfacción, y pensó que su mujer, trabajadora, fiel y decidida, representaba una de las pocas bendiciones que el destino le había deparado. Estos pensamientos le proporcionaron cierto consuelo en ese día en que por una simple confusión, o quizás una calumnia, su vida había dado un giro brusco e inesperado, que ponía en peligro su existencia y la de los suyos. ¿Y ahora, qué? ¿Qué hacía?

—Por el momento, nada —dijo el viejo Lencho—. Estese tranquilo por unos días. No asome a la calle ni siquiera la nariz. Ya veremos cómo resolvemos este dilema.

# 5

*(Cocina. Calixto, Juancho, Caremacho, Chele Chile, Cali.)*

La vivienda aquí es un gran problema. Cuando yo llegué a Washington, los primeros meses me quedé en un apartamento en que ya vivía mucha gente.

(Entra un ayudante de cocinero, chileno, a quien apodan Chele Chile.)

¿Cuántos vivían allí?

Veinte.

(Entra Cali, camarero, colombiano.)

¿En cuántos cuartos?

Un dormitorio nada más.

Veinte, en un apartamento de un dormitorio.

¡A la ...! Vivían ensardinados.

Vivían allí siete mujeres, cuatro hombres, seis niños, dos ancianos y una muchacha de 16 años de edad.

Dormían uno encima de otro.

Hasta para caminar se tenía que andar con mucho cuidado, sobre todo en la noche, porque chocábamos unos con otros.

(Caremacho, en tono de broma.)

Este Calixto chocaba con los otros por andar a gatas en la oscuridad buscando a la muchacha.

(Cali, sorprendido.)

Eso es como estar en la cárcel. Es decir, no es que yo haya estado preso, pero imagino que así ha de ser.

La privacidad no existía. Las familias se juntaban en las esquinas del apartamento y allí acomodaban sus pertenencias.

¿Y dónde dormían?

En el mismo rincón dormían y comían. Hablaban sus asuntos de familia en voz baja, pero todo el mundo escuchaba.

¿Y cómo hacían para ir al baño?

La única letrina siempre estaba ocupada porque, quizás por el nerviosismo a causa de su situación, la gente se enfermaba del estómago y la usaba con frecuencia. Siempre había que esperar turno.

¿Y no se tapaba?

Vaya que no. Y entonces sí que se complicaban las cosas.

(Cali, con curiosidad.)

¿Y qué hacían entonces?

Bueno, hacíamos nuestras necesidades en bolsas plásticas o en papel periódico y echábamos todo en el incinerador. El que alquilaba el apartamento decía que el superintendente del edificio se quejaba del horrible tufo a mierda que invadía el edificio cuando quemaba la basura.

¿Y en qué piso estaba el apartamento?

En el quinto. Y algunos de los recién llegados de la frontera no se asomaban a las ventanas.

¿Y eso por qué?

Porque tenían miedo de salirse del edificio y caer destripados en la calle.

Qué exageración. ¿Cómo es posible que alguien tenga temor de salirse de un edificio?

Yo creo que es posible. Porque he conocido mucha gente que viene del campo y la mayoría no conoce ni la capital de su país, nunca ha visto un edificio de varias plantas, mucho menos se ha alojado en un quinto piso.

Cierto. Muchos de nosotros venimos aquí directo de nuestros pueblos.

Imagínense entonces qué tremenda sorpresa no será venir de un lugar remoto donde ni siquiera hay luz eléctrica y, de pronto, encontrarse en un país tan avanzado como éste. Eso tiene que ser un impacto tremendo.

Así es. Y muchos no venimos preparados para eso.

Pero, con el paso de los días, la gente se iba convenciendo de que las ventanas eran seguras y que, a través de los vidrios, era la única forma de observar el nuevo mundo en que se encontraban.

¿Y tú, Calixto, cómo te sentías en esos días?

No tan bien que digamos.

¿Y eso, por qué?

Porque los primeros meses fueron para mí bien difíciles, y yo no me esperaba eso porque venía con la cabeza llena de un montón de fantasías.

Igual sucedió conmigo. En Colombia me habían metido el cuento de que aquí se hacía mucho dinero y que era muy fácil comprar cosas caras como automóviles, y gozar de la vida acompañado de muchachas rubias y hermosas.

Yo no traía eso en la cabeza. Mi único deseo era encontrar trabajo, reunir unos dólares y mandarlos a mi familia para que se viniera a este país. Pero pasaron varios meses y empecé a decepcionarme viviendo en aquel apartamento que apestaba a pie sucio, a sudor agrio, a pedo rancio y a mierda.

(Sonoras carcajadas. El jefe de los cocineros, un alemán a quien apodaban Hitler, se acerca al grupo, gritando.)

¡Hey, pendejo, get back to work!

(Sale.)

¡Cállate Hitler!

Pendejo es la palabra preferida de este alemán.

Es la única palabra en español que conoce, y cuando se enoja la usa para insultar a todo el mundo.

Pues sí, Calixto, seguí contando lo del apartamento.

Entre aquella acumulación desesperante yo pensaba que si éso era los Estados Unidos, me había equivocado.

¿Y los niños? ¿Cómo hacían para jugar?

Ellos eran los que más lástima daban. Porque no les permitían jugar ni correr por temor a que los vecinos se dieran cuenta de que en aquel apartamento vivía tanta gente. Lloraban en silencio, día y noche, y sus tristes quejas nos ponían los nervios de punta porque, además de la desesperación que nos causaba aquel encierro, todavía no nos habíamos repuesto de los problemas y sustos que sufrimos durante el largo viaje.

Aquí uno viene a pasar situaciones difíciles.

Desde que salimos de El Salvador no tuvimos ni un solo momento de tranquilidad. Y después, encerrado en aquel oscuro y apestoso apartamento, yo me preguntaba si todo aquel sacrificio valía la pena, y a veces pensaba que quizás hubiera sido mejor quedarme en mi país, resignado a correr el riesgo de que me arrestaran.

¿Y por qué te iban a arrestar?

Este Calixto a lo mejor era guerrillero.
Calumnias que me habían levantado.

# 6

## UN MILLÓN DE REFUGIADOS

El número de refugiados a causa de la guerra civil alcanzó un millón, o sea el 20 por ciento de la población, según los archivos de la Biblioteca del Congreso de los Estados Unidos dedicados a El Salvador.

Los refugiados siguieron varios patrones migratorios. Cierto número se trasladó de una zona rural a otra. Algunos procedentes de las zonas de guerra de oriente pasaron a occidente donde la guerrilla era menos activa. Otros abandonaron las ciudades y se fueron al campo, donde el número de desplazados se estimaba en 250.000 al inicio de los años ochenta. La mayor concentración de refugiados se encontraba en las zonas más afectadas por la guerra como Chalatenango, Morazán, Cabañas y San Miguel.

Los archivos de la Biblioteca, recopilados de una extensa colección bibliográfica sobre El Salvador, demuestran que los patrones de la emigración salvadoreña fueron determinados originalmente por problemas socioeconómicos como la insuficiencia de tierra, limitadas oportunidades de trabajo, salarios bajos y pobreza persistente. Algunos salvadoreños han emigrado para siempre de su país, otros se desplazan dentro del área rural, y muchos otros se han marchado a las zonas urbanas en busca de una vida mejor.

Los niveles de migración interna y externa aumentaron durante el conflicto armado de la década de los ochenta, aunque la fragmentación familiar y comunitaria han sido características constantes en la vida de las clases bajas.

Los patrones de la migración salvadoreña se evidenciaron en la última mitad del siglo XIX, cuando las tierras comunales fueron disueltas para facilitar la propiedad individual. Este hecho creó la fuerza laboral desposeída cuyo movimiento fue dictaminado por los ciclos de la producción del café.

Las emigraciones temporales hacia las tierras de cultivo durante las cosechas han sido un modo de vida para muchas comunidades rurales desde los tiempos en que la producción del café dominó la economía salvadoreña. Este tipo de migración continúa siendo particularmente importante para los campesinos pobres procedentes de las regiones orientales, de tierras relativamente áridas,

*Odisea del Norte*

de los cuales cientos de miles busca trabajo temporal en las zonas cafetaleras. Similarmente, cuando las fincas algodoneras se desarrollaron en las regiones costeras, los trabajadores permanentes y miles de temporales emigraban en particular a las tierras al este del río Lempa y a las planicies costeras del suroeste de Sonsonate.

En cuanto a la emigración salvadoreña a Honduras, los documentos establecen que entre 1945 y 1969 el incremento de la población y la pérdida de las tierras que se dedicaron especialmente al cultivo del algodón forzó a más de 300.000 obreros y campesinos (el 7 por ciento de la población), a emigrar a Honduras. En ese país los salvadoreños trabajaban en tierras alquiladas y colonizadas a la fuerza, convertidos en terratenientes y pequeños agricultores. Otros se unieron a la población rural pobre o se fueron a las ciudades para integrarse a la clase laboral.

A finales de los sesenta los salvadoreños constituían más del 12 por ciento de la población hondureña, integrados a esa sociedad que por ese tiempo empezaba a desarrollar su propia reforma agraria. El gobierno hondureño señaló al inmigrante salvadoreño como el principal problema argumentando que representaba el mayor obstáculo en la redistribución de las tierras, instigando así sentimientos antisalvadoreños para disolver las tensiones entre campesinos y agricultores hondureños.

Ante la inminente reforma agraria, en la que solamente hondureños podían poseer tierra, más de 130.000 salvadoreños fueron forzados a abandonar propiedades y empleos adquiridos y retornar a su país. El éxodo procedente de Honduras fue la raíz de la llamada "Guerra del fútbol" en 1969 entre estos dos países, y la enorme cantidad de ciudadanos que regresó empeoró las tensiones sociales y económicas en El Salvador. Se calcula que esta guerra causó 3.000 muertos, 6.000 heridos y 50 millones de dólares en daños materiales.

A pesar de los problemas con Honduras, los salvadoreños continuaron emigrando a ese país, no sólo como trabajadores de la tierra pero, a principios de los ochenta, también como refugiados huyendo de la guerra civil en El Salvador. Honduras parecía el lógico destino para muchos debido a su proximidad fronteriza con departamentos como Morazán, Cabañas, San Miguel y Chalatenango, las zonas de mayor conflicto.

En 1981 cerca de 60.000 salvadoreños se asilaban en Honduras, particularmente mujeres, niños y ancianos, en campos administrados bajo el auspicio de la Organización de Naciones Unidas.

Para los refugiados la situación era incierta debido a las circunstancias del conflicto salvadoreño. Tales presiones y la vida monótona los inducían a retornar pese al peligro que representa-

19

## Mario Bencastro

ba la guerra. Sin embargo, en 1987 entre 19.000 a 20.000 aún se asilaban en Honduras.

Los archivos de la Biblioteca también registran datos sobre la emigración salvadoreña a otros países. Más de 20.000 salvadoreños buscaron refugio en Nicaragua, y estiman que de 80.000 a 110.000 se desplazaron hacia Guatemala y eventualmente a México con la esperanza de llegar al Norte. Entre 1979 y 1988, alrededor de 500.000 salvadoreños entraron en los Estados Unidos vía México. La extensión del éxodo fue tal que la ONU estimó que en 1982 una tercera parte de la clase laboral abandonó la nación.

A principios de los ochenta, muchas personas desalojadas de las zonas rurales partieron hacia San Salvador en busca de ayuda en centros de albergue principalmente auxiliados por la Iglesia Católica. Las condiciones en estos lugares eran deplorables debido a la acumulación extrema, la malnutrición y las enfermedades, y por la persecución de las fuerzas de seguridad. Otros refugiados vivían en la miseria habitando casas de cartón en tugurios excesivamente poblados, tratando de ganarse la vida como vendedores ambulantes.

*La Prensa de Hempstead*
Nueva York, diciembre 1988

# 7

Las tinieblas descendieron sobre la ciudad oscureciendo el paisaje y el espíritu de los habitantes. Era el momento en que las sombras se deslizaban por calles, barrancos y techos, para iniciar tétricos rituales nocturnos.

La noche era horrorosa en la ciudad porque no pertenecía a los hombres sino a las sombras, las que manipulaban el destino de los seres humanos.

"Qué noche tan horrible," pensaba Calixto mientras se despojaba de los raídos zapatos para tirarse sobre la estera de junco que el viejo Lencho le había proporcionado para dormir. Pensaba en muchas cosas cuyas imágenes se mezclaban con la preocupación por sus seres queridos, formando un torbellino que se arremolinaba en su mente.

El fuerte ronquido del viejo enfatizó la impotencia de Calixto para conciliar el sueño. Sentía que nadaba en un vacío, suspendido en la oscuridad de la habitación en medio del silencio que por momentos era perturbado por el chapoteo de un sapo que saltaba en los charcos del patio, por el ruido de balazos apagados en la lejanía o el eco de explosiones dispersas. Ruidos de una noche típica de la ciudad en que reinaban las sombras, de las que nadie escapaba cuando le llegaba el turno de ser devorado por ellas.

También era de noche en el mesón Misericordia, y en la pieza de la vieja Hortensia en que temporalmente se acomodaban Lina y sus hijos. Ella se revolvía en el lecho torturada por la oscuridad y la angustia. ¿Qué será de Calixto? ¿Lo habrán alcanzado y detenido? ¿Habrá encontrado al compadre Lencho?

La vieja Hortensia presintió que la incertidumbre atormentaba a su amiga, y susurró:

—No se preocupe Lina que Calixto está bien.

—Ay, niña Hortensia, sólo Dios sabe.

—Sí, él está bien, créame, mañana lo va a encontrar sano y salvo.

—Ojalá —dijo Lina entre suspiros—. Que lo cuide mi San Martincito de Porres. Mi santo negrito como la noche.

Dijo una oración que repitió incontables veces con el ferviente deseo de que las palabras adelantaran las horas, espantaran las sombras, disolvieran la noche para que ella pudiera entonces atravesar la ciudad y reunirse con Calixto.

No supo a ciencia cierta si su deseo se había hecho realidad pero sintió que la noche pasó como un relámpago. Como si la plegaria, a fuerza de repetirla, hubiera surtido mágico efecto creando el sol para que se tragara la noche.

Los golpes en la puerta despertaron a Calixto. Lencho continuaba roncando. "Duerme como una piedra," pensó Calixto, y fue necesario que sacudiera al viejo varias veces para que despertara.

—Compadre, tocan la puerta —le susurró al oído.

—¡Ya voy! ¿Quién será tan temprano?

Lencho apartó la colcha de su cuerpo y se incorporó lentamente, indicando a Calixto guardar silencio y esconderse bajo la cama, mientras se ponía el pantalón e iba a quitar la tranca para abrir la puerta.

—Buenos días —dijo un muchacho.

—Ah, ve, si es Toño. ¿Y qué andás haciendo por aquí tan temprano?

—Vengo a despedirme.

—¿A despedirte? ¿Te vas de regreso al cantón? Yo que vos no lo hiciera —el viejo lo invitó a entrar—. Yo no regreso aunque me paguen.

—No, don Lencho, no me voy al cantón.

—¿Entonces, para dónde?

—Para los Estados Unidos.

—¿Qué decís?

—Yes, mister Lencho —respondió Toño en tono de broma—. Para el Norte.

—¡Ah vaya! Esas son palabras mayores —Lencho dio unos golpes en el marco de la cama.

Toño se sorprendió al ver que Calixto salía del fondo del mueble.

—Este es Calixto, paisano del cantón, amigo mío y de tu papá.

—Sí, yo me acuerdo de él.

—Yo también te conozco —dijo Calixto—. Sos primo de Matías, ¿verdad?

—Así es.

—No le contés a nadie que él se esconde aquí —advirtió el viejo—. Porque lo andan buscando. Lo señalaron por cosas políticas.

—¡Santo Padre! Si lo encuentran, quién sabe qué será de él.

—Sí hombre. Y lo peor es que yo ni me meto en líos de política. ¡A saber quién putas me señaló! Y ahora no sé qué hacer. Necesito trabajar para mantener a mi familia, pero huyendo no puedo hacer nada.

—No puede ni salir a la calle —apuntó el viejo—. ¡Está metido en un gran huevo!

—Si pudiera regresar al cantón, allá al menos podría trabajar la tierra.

—Del cantón sólo ha quedado un cerro de piedras —aclaró Toño—. Mi tío Demetrio fue a visitar el lugar y regresó decepcionado, llorando, diciendo que habían destruido hasta el cementerio donde estaban enterrados los abuelos.

—De esta guerra no se salvan ni siquiera los muertos —comentó Lencho—. Mucho menos los vivos.

—No sé qué diablos voy a hacer ahora. Me siento acorralado.

—Si yo fuera usted me iría al Norte. A buscar suerte allá. De todos modos, si se queda aquí, su vida corre peligro.

—¿Y cómo es allá?

—Pues yo no sé. Pero mi primo me ha contado que es un país grande, poderoso y rico, donde hay oportunidades para el que está decidido a trabajar fuerte.

—Aquí, esta guerra va para largo. Con cada día que pasa la economía empeora. Por eso hasta los ricos se fueron del país.

—El pobre se hace más pobre.

—Por eso mismo me voy —dijo Toño—. No he podido encontrar un trabajo decente. Y si no ando con cuidado termino de soldado, peleando una guerra que no entiendo pero que me puede matar.

—Pero, ¿y cómo te vas? ¿Para dónde? Porque tampoco sólo es cosa de agarrar la valija y decir que te vas. Tenés que saber cómo.

—Conozco un hombre que arregla viajes, un coyote.

—¿Un qué? ¿El coyote que no es un animal?

—Sí, así les dicen también a los que conocen la manera de entrar en los Estados Unidos sin documentos.

—¿Y por qué no sacan papeles para entrar legalmente?

—Porque en la embajada norteamericana, para dar la visa, piden muchos requisitos que la gente pobre como nosotros no reune. Como tener buen empleo, dinero ahorrado en el banco, buenas referencias personales, boleto de viaje de ida y regreso, constancia de que las personas que uno va a visitar se encuentran en buena situación económica y legal, y otros requisitos más. En cambio, con un guía, se entra en ese país sin necesidad de tanto papeleo.

—¿Y vos conocés alguien allá?

—Bueno, mi primo Matías se fue hace un año con la ayuda de otros parientes que viven en Washington desde hace tres años. Trabajan de albañiles, hacen buen dinero. Juancho, otro paisano, trabaja en un restaurante lavando platos.

—No sabía que Juancho estaba allá —dijo Calixto—. El es mi primo.

—¿Y cuánto cobran por el viaje?

—Depende.

—¿Depende de qué?

—Depende del arreglo que haga con el guía. En mi caso son cuatrocientos dólares de adelantado y, cuando lleguemos, mis primos darán el resto. Otros cuatrocientos. Y este viaje es de los más baratos, porque dicen que cobran mucho más.

—Ochocientos dólares es una fortuna.

—Sí. No cualquiera puede conseguir esa plata.

—Usualmente la gente sólo consigue lo necesario para pagar el viaje hasta México, y el resto lo paga un familiar que vive en los Estados Unidos antes de cruzar la frontera.

—Pero aún así, no tan fácilmente se consiguen cuatrocientos dólares.

—Así es. Yo tuve la suerte de que mi primo me mandó el dinero para hacer el primer pago.

—Muy bien. Se ve que tenés todo arreglado.

—Gracias a Dios y a mi primo. Bueno, ahora tengo que irme —Toño fue hacia la puerta—. El viaje sale mañana a mediodía para Guatemala. Todavía tengo que despedirme de muchos familiares. Nos vemos.

—Oíme, Toño —dijo Lencho—. ¿Cómo se hace para conseguir un coyote?

—Todos los días aparecen anuncios en los diarios. Muchos ofrecen hasta recogerlo a uno en su casa y entregarlo personalmente a un familiar o conocido en cualquier parte del Norte. Pero le voy a dejar un número de teléfono, que es lo más seguro.

—También dejame el nombre y la dirección de tus primos en Washington. Quién sabe, a lo mejor yo también decido darme una vuelta por allá. ¡Mi cuerpo está viejo pero mi corazón es joven!

El muchacho escribió los datos en un pedazo de papel que luego entregó a Lencho.

—Aquí está. Ah, y antes de que se me olvide, quiero decirle que José, mi tío por parte de mi mamá, también está arreglando viaje. Ya consiguió un guía y salen de hoy en ocho.

—¿José siempre vive en la colonia Manzano?

—Ahí mismo. Bueno, entonces me voy —Toño estrechó la mano del viejo y luego la de Calixto.

—Que Dios te bendiga, muchacho. Cuidate, y portate bien que nada te cuesta.

—Adiós Calixto. A lo mejor nos vemos allá. Ya sabe que me tiene a sus órdenes.

—Gracias, Toño. Cuidate y buena suerte.

El muchacho desapareció entre la ropa lavada pendiente de alambres extendidos en el patio. Los dos hombres quedaron de pie en la semioscuridad de la pieza que de pronto fue iluminada por los rayos de sol que se colaron por los agujeros del techo de tejas.

# 8

*(Cocina. Calixto, Juancho, Caremacho, Cali, Chele Chile, discuten la noticia de un periódico la cual, encabezada por el titular bastante sensacionalista de "Infierno en Mount Pleasant", declaraba:*

*"En el sótano de una casa abandonada de la calle Irving, cuatro adultos y un menor de edad perecieron envueltos por las llamas de un incendio cuyo origen no ha sido posible determinar. Tampoco se ha establecido la identidad de las víctimas las que, según investigaciones preliminares de las autoridades, posiblemente eran de origen latinoamericano.")*

Ahí dormía Mago. De seguro él fue uno de los quemados.

¿Y quién era Mago, Calixto?

¿De dónde era?

Nunca lo supe. Pero lo cierto es que a veces hablaba en una lengua extraña que unos decían ser quechua, y otros maya.

Quizás hablaba aymará. Últimamente, a Washington ha venido mucha gente de las montañas andinas de Bolivia y Perú que hablan quechua y aymará, dos de las lenguas antiguas que aún se hablan en esa región.

¿Qué no era aquel vago que escupía a la gente?

Sí, el mismo.

Ese estaba loco de remate.

Dicen que pedía dinero, y cuando la gente no le daba, aventaba escupidas.

Cierta noche a mí también me tocó dormir en ese sótano que se quemó.

¡Este Calixto dormía en cualquier parte!

La necesidad tiene cara de perro, como dicen en mi país. Recuerdo que en el sótano aparecieron una ratas grandes y gordas.

¿Y no te mordieron?

De suerte que no. De lo contrario me hubiera llevado el diablo, porque dicen que transmiten la rabia.

¿Y a Mago, lo mordieron?

Sí, pero dijo que nada le calaba.

Era un enfermo.

Tenía aspecto indígena.

(Entra en la cocina Tadeo, peruano, el plomero del hotel, y Chele Chile, amigo íntimo de éste, lo molesta.)

Posiblemente era peruano. Los peruanos son feos.

(Tadeo, calmadamente.)

Los chilenos no son feos. ¡Son horribles!

(Todos ríen.)

La vez que dormí en el sótano, le oí decir a Mago que había nacido en las montañas.

¿Los Andes?

A lo mejor venía de las montañas de Guatemala. Ahora en Washington también abundan los guatemaltecos.

La verdad es que ahora aquí hay gente de toda Latinoamérica.

Quién sabe de dónde sería el tal Mago. Decía que pertenecía a una antigua raza indígena, que toda su gente había sido exterminada, y que él era el último de su raza.

¿Y por qué le decían Mago?

Porque hacía trucos de magia.

Yo lo conocí antes de que enloqueciera. Trabajábamos en un restaurante y, ciertamente, la gente le tenía cierto temor por las cosas raras que hacía.

¿Como qué?

Hacía que las cosas se movieran con sólo concentrar su mirada en ellas. Los tenedores y los cuchillos se doblaban.

Qué tipo más raro.

Una vez que llegó la Migra al restaurante, se los llevaron a todos, menos a él.

¿Y eso? ¿Se les escapó?

No. Según me contó él mismo después, se hizo el invisible, y cuando los agentes entraron en la cocina no lo vieron, a pesar de que él se encontraba ahí.

Entonces, es imposible que muriera en el incendio, porque bien pudo desaparecer antes de que las llamas lo atraparan.

(Caremacho se emociona.)

¡O bien hubiera podido apagar el fuego con su magia!

Puede ser. Pero esa vez que lo mordieron las ratas recuerdo haberle oído decir que lo único que podía causarle daño era, precisamente, el fuego.

Imagínense cómo terminó Mago. Venir de tan lejos sólo para quedar carbonizado en el sótano de una casa abandonada.

Bueno, no se sabe si murió, porque a lo mejor no estaba ahí cuando la casa prendió fuego.

Un amigo que vio el incendio, me contó que todos los curiosos se asustaron y huyeron en carrera cuando escucharon un grito fuerte y vieron que una gran bola de fuego se alzaba entre las llamas y subía al cielo hasta perderse en el espacio.

(Chele Chile, desconfiado.)

Eso ya suena a película de misterio.

Bueno, eso es lo que me contaron.

# 9

Lina y sus tres hijos encontraron a Lencho y a Calixto tomando el desayuno.

—¡Nos sorprendieron con la tortilla en la mano! —dijo Lencho—. Vengan, comamos.

Calixto abrazó a su mujer, luego a los niños, alzando en sus brazos al más pequeño. Saludaron al viejo quien siempre tenía para ellos palabras amables.

—Le dimos tres vueltas a la manzana —dijo Lina—. Para estar seguros de que nadie nos seguía.

—No se preocupe. No creo que vengan a buscarlos hasta aquí.

—Se ven tantas cosas extrañas hoy en día. Nadie está seguro en ninguna parte.

—Eso es cierto.

—A mí lo que me preocupa es trabajar. No puedo permanecer escondido por mucho tiempo.

—Ya no podés regresar a tu trabajo.

—Eso está bien claro.

—¿Y dónde voy a trabajar entonces?

—En cualquier lugar menos en ése.

—¡Qué lástima! Tanto que me costó conseguir ese trabajo. El salario es miserable, pero peor es nada.

—La idea de Toño no es mala.

—¿Qué idea es esa? —inquirió Lina.

—Probar suerte en los Estados Unidos —respondió el viejo.

—¿Cómo?

—Toño, el primo de Juancho, vino hace poco a despedirse. Va para Washington. Allá viven el hermano y dos primos.

—Sí, yo me acuerdo de ellos —afirmó Lina—. Un familiar me contó que les va muy bien.

—Así dijo Toño.

—¿Cuánto dinero se necesita?

—La primera parte del viaje cuesta cuatrocientos dólares —dijo Calixto con tristeza.

—Y eso es sólo una parte del costo, por una persona. Imagino que para una pareja con tres niños es mucho más.

—Dicen que es un viaje largo y peligroso.

—Aún así, la idea no es mala —persistió Lencho.

—Pero nosotros somos cinco.

—Tampoco tienen que irse todos juntos. Al que buscan es a Calixto. El se puede ir primero a probar suerte, y después de que consiga trabajo y conozca el ambiente, entonces se va usted y los muchachos. ¿Qué les parece?

Lina y Calixto buscaban los consejos de Lencho cuando se encontraban en apuros. El viejo siempre los sacaba adelante. Y aunque en aquella ocasión hablaba de algo para ellos difícil de comprender, sobre todo en tales momentos de angustia, confiaron en él completamente, como lo habían hecho en el pasado.

—Pero no tenemos ningún dinero ahorrado —dijo Lina—. Nunca podríamos reunir esa cantidad de dólares, ni en sueños.

—Hay que buscar el dinero. Es la única salida. De algún modo debemos reunirlo, aunque sea de cinco en cinco.

—Tal vez la comadre Hortensia nos preste unos pesos —dijo Calixto.

—Yo sé que voy a conseguir dinero entre toda la gente que conozco —afirmó el viejo.

—Quizás ni valga la pena —dudó Lina—. A lo mejor Calixto no se quiere ir.

—¿Y quién quiere dejar a su familia para irse a un país extraño? Nadie, ni que estuviera loco. A no ser que se encuentre en una situación desesperante, como la mía.

Lina abrazó a Calixto cariñosamente.

—Pero como dice el compadre Lencho, después de que vos llegués allá, empecés a trabajar y tengás algunos ahorros, entonces nos vamos nosotros. Y así volveremos a estar juntos.

—Es la única salida.

—¿Y por dónde empezamos?

—Yo voy a tratar de conseguir el dinero que más pueda en un par de días —ofreció Lencho.

—Yo voy a regresar donde la comadre Hortensia. A ver cuánto nos puede prestar.

—Yo voy a visitar unos amigos de confianza. Estoy seguro de que me pueden prestar unos pesos.

—¡Pero tenga mucho cuidado, compadre —pidió Lencho—. ¡No vaya a ser el diablo!

—Sí, Calixto, mejor quedate aquí y no salgás —aconsejó Lina—. Nosotros veremos como arreglamos el asunto. Yo sé que de cualquier forma vamos a conseguir el dinero.

—¡Ay Dios! —exclamó Calixto—. Para conseguir toda esa plata hay que pedirle prestado a mucha gente, y yo no puedo quedarme aquí con los brazos cruzados y comiéndome las uñas.

—Esta noche también iremos a visitar a José —prometió Lencho—. A lo mejor él nos puede conectar con el coyote que sale la próxima semana.

Esa noche Lencho y Calixto visitaron a José, quien residía en un pequeño mesón de una colonia cercana, y lo encontraron recostado en una hamaca en el corredor de su pieza. El reconoció al viejo de inmediato y se levantó a saludarlo cortésmente. José era un hombre joven, de tez morena, mediana estatura, fácil y amigable sonrisa.

—Te presento a Calixto —dijo Lencho—. El es hermano de Macario.

—Mucho gusto. Vos sos el marido de la Lina, ¿verdad?

—Así es. Y si mal no recuerdo, vos sos el marido de la Menche.

—Claro que sí —dijo José, y gritó:— ¡Menche vení, aquí han llegado unos amigos!

—Pues cuánto me alegra que se conozcan —dijo Lencho.

Una mujer apareció del fondo oscuro de la habitación y saludó a los visitantes.

—Traenos un cafecito —pidió José a Menche.

—Sí, como no —dijo ella, invitándolos a que tomaran asiento, retirándose y regresando al poco rato con el café.

—Pues tu sobrino Toño vino a despedirse esta mañana. Dijo que se marchaba al Norte.

—Así es. Pensábamos salir juntos pero yo no pude conseguir el dinero a tiempo, y él tuvo que irse antes. Ojalá le vaya bien.

—Dijo que te ibas la próxima semana.

—Exacto. Mañana mismo voy a sacar el pasaporte, a comprar un maletín y un par de zapatos tenis, y en la primera oportunidad me voy para los Yunaites como le llaman a ese país los que viven allá, a buscar suerte, porque aquí la cosa va de mal en peor. Llevo cuatro meses sin poder conseguir un trabajo permanente. Trabajo un día y forzosamente descanso tres. Esto no tiene sentido. A veces no tenemos qué comer y en las tiendas ya no quieren darnos de fiado. Ya estamos al borde de la desgracia. Lo único que no he hecho es asaltar gente y robar. Ruego a Dios nunca llegar a tal extremo, porque a pesar de ser pobre soy persona decente.

—¿Y cuántos hijos tenés?

—Dos. Y Menche ya va por el tercer mes de embarazo. Así que en medio año habrá en esta familia un estómago más que sustentar. Ya para entonces espero estar allá trabajando de cualquier cosa, para mantenerlos aunque sea de lejos.

—Pues Calixto también quiere irse.

—¿También está sin trabajo?

—Bueno, sí. Ayer por la mañana lo perdí. Trabajaba de albañil.

—¿Y qué pasó? ¿Te despidieron? ¿O se terminó el empleo?

Por unos segundos Calixto permaneció en silencio, escudriñando a su alrededor con la mirada indecisa. Finalmente, explicó:

—Es que me señalaron y me acusan de ser enemigo del gobierno. Puras calumnias, porque yo no ando metido en política.

—Ah, ya entiendo. Eso sí que está fregado.

—Lo peor es que Calixto no se mete en nada. A mí me consta que es una persona trabajadora a quien sólo le interesa el bienestar de su familia.

—Algún envidioso te señaló. Hoy en día eso está de moda. Si le caés mal a alguien falsamente te denuncia y, mientras el asunto se aclara, quedás en la cárcel. Suerte que no te arrestaron.

—Por eso creo que es conveniente que me vaya del país.

—Lo primero es buscar un buen guía. Y lo más importante es conseguir el dinero. Porque sin la plata, olvídese compadre, no hay nada. Yo, de pura suerte he logrado conseguir el dinero para pagar el viaje hasta México, y ya estando ahí, un hermano que vive en Washington me va a prestar la otra parte que debo pagar para cruzar la frontera.

—Yo creo que en una semana podemos conseguir el dinero. Vamos a intensificar la búsqueda.

—Pues, si querés le hablo al guía. Así tal vez nos vamos juntos. Lo cual es mejor, porque más vale viajar con alguien conocido y de confianza.

—Haceme el favor. Te lo voy a agradecer. Mirá que estoy en desgracia.

—No hay problema. Mañana mismo te venís conmigo, hablamos con el hombre que arregla los viajes y de una vez pasamos a sacar los pasaportes.

—Cuánto me alegraría que se fueran juntos —dijo Lencho—. Porque dicen que el viaje está lleno de dificultades. Se oyen tantas cosas. Dicen que a mucha gente la han dejado abandonada, perdida en tierras extrañas.

—Un amigo que logró pasar la frontera, acaba de regresar después de tres años de trabajo —comentó José—, y me ha contado las cosas horribles que suceden. Todo el mundo viaja con temor. Los rumores son ciertos. Los coyotes abusan de las mujeres y las violan. Matan a cualquiera por unos dólares. Por puro capricho, abandonan a mujeres y niños en el desierto. Muchos viajeros han desaparecido y nunca más se ha sabido nada de ellos. Este amigo dice que, a medida que se va avanzando en el viaje, todo lo que cuentan se queda pálido ante lo que realmente va sucediendo. El trato que los coyotes dan a la gente es inhumano. En México, pasando el Distrito Federal, de ahí para arriba nadie vale nada.

—Vaya viajecito.

# 10

*(Cocina. Calixto, Juancho.)*

Cuando la Migra vino al hotel se armó un gran desorden.

¡La mayoría de empleados escapó en un abrir y cerrar de ojos! Yo salí a la carrera.

Lo mismo hice yo. Al único que pescaron fue a Caremacho.

Dicen que se distrajo por estar enamorando a la Pateyuca.

¿Una de las meseras?

Sí.

A saber qué le había visto Caremacho a la Pateyuca.

Según los rumores, quería casarse con ella sólo por conseguir la residencia.

¡Qué aprovechado!

Pero le salió el tiro por la culata porque, por estar enamorándola, lo acorralaron en la cocina y lo capturaron.

Por tonto se quedó sin el plato y sin la cena.

Y es que ahora la Migra anda inspeccionando todos los restaurantes y hoteles del área.

A toda hora hay que estar en guardia.

Pero igual, uno tiene que trabajar a como dé lugar, así uno tenga que exponerse al peligro de ser capturado.

*(Caremacho entra en la cocina. Caixto y Juancho se sorprenden.)*

¡Hola Caremacho! ¿Qué hacés aquí? Yo te hacía en la cárcel.

Creímos que estabas preso. No me digás que te escapaste.

No. Me tuvieron preso cinco días. Estaban listos a deportarme.

¿Y cómo te salvaste?

Alguien pagó la fianza para que me dejaran salir.

*(Juancho, intrigado.)*

¿Quién? Si vos no tenés familia en este país. Además, piden mucho dinero de fianza.

¡Mil dólares!

Bastante plata.

¿Y quién pagó?

(Caremacho sonríe.)

Mi novia.

¿La Pateyuca?

Se llama Bettie.

Ah, la Veri . . .

No, no es Veri. Se dice B-E-T-T-I-E.

Qué bien. Te hizo el favor de prestarte el dinero.

(Juancho le guiña un ojo.)

Se ve que te tiene confianza.

Sí hombre. La verdad es que me sorprendió cuando se presentó a pagar. Yo ya me hacía de regreso en mi pueblo.

¿Y cuándo le vas a devolver el dinero? Es una cantidad bastante elevada.

Ella dice que no me preocupe. Que le pague cuando pueda.

Vaya, vaya. Eso ya suena a cosas mayores. Qué suerte la tuya encontrar una persona así tan comprensiva.

Sí. Una gran suerte. Esta mujer me salvó el pellejo. No es mala gente.

Eso ya huele a casamiento.

Yo que vos le hacía la propuesta.

Ya se la hice.

Vaya, vaya. Miren qué listo es Caremacho, y nosotros creyendo que no estaba en nada.

¿Y qué dijo ella?

Que cuando yo quisiera.

No perdás tiempo.

Cierto.

Voy a ver si puedo ahorrar unos pesos. Y me caso con ella.

(Juancho le entrega una cerveza.)

¡Esto hay que celebrarlo!

Así es. Y si necesitás plata yo te puedo prestar unos dólares.

Yo también. Por ahí tengo un dinerito que estoy guardando para comprar un carro usado, pero te lo puedo prestar. Eso sí, esperamos que nos invités a la boda.

Claro que los voy a invitar.

No te olvidés de los amigos.

(Caremacho, después de un largo sorbo de cerveza.)
Eso nunca. Los buenos amigos nunca se olvidan.

# 11

Las oficinas de Migración abrían a las ocho de la mañana, hora en que la gente esperaba formando una interminable fila que se extendía por varias cuadras de la vecindad. Muchas personas no lograban tramitar el pasaporte y, cuando las oficinas cerraban, no tenían otra alternativa que esperar en fila en el mismo lugar hasta el día siguiente.

Todo el mundo venía preparado para tal eventualidad. Traían consigo alimentos, sillas plegables, colchas y esteras de junco para dormir en la acera y no perder su puesto.

Calixto y José no pudieron sacar los pasaportes y, a las cinco de la tarde, hora en que cerraban las oficinas, quedaron como a sesenta personas de la puerta.

—Es mejor que esperemos aquí hasta mañana —aconsejó José—. Si nos movemos, cuando regresemos vamos a quedar otra vez muy lejos y posiblemente tampoco saquemos los pasaportes mañana.

—De acuerdo —aceptó Calixto—. Total, no tengo nada que hacer. Con dormir en la calle una noche no pierdo nada. Peores situaciones nos esperan.

—Así es.

En eso se acercó un individuo:

—Si gustan les cuido el puesto mientras van a hacer sus mandados, o a comer. No se preocupen, por sólo diez pesos lo vigilo.

El hombre se alejó al advertir que Calixto y José no le prestaban atención.

—No le hagan caso —aconsejó el que esperaba detrás de ellos—. Esos engañan a la gente. Dicen que cuidan el lugar y, cuando la gente se aleja, lo venden a otro. Tengan mucho cuidado.

—Gracias por la advertencia. Hoy no se puede confiar en nadie.

—Algunos hasta se inventan cualquier situación, un pleito, un robo, o hacen estallar una cosa parecida a una bomba, y cuando la gente corre aterrorizada, ellos agarran los mejores puestos, y después los venden. Esta mañana, sin ir muy lejos, un par de vagos se pusieron a pelear con cuchilla, y hasta se hirieron, y cuando la gente vio la sangre y deshizo la fila, entonces llegaron sus compinches, quienes ya estaban de acuerdo con ellos, y se adueñaron de los puestos. Luego los vendieron a la misma gente que los habían abandonado.

—No puedo creer que hagan negocio hasta de la fila de espera para sacar pasaportes.

—Es la necesidad. Cada quien hace negocio con lo que puede, para no morirse de hambre. Tal es la lucha por sobrevivir en la miseria.

Una vieja harapienta y desdentada, acompañada de un muchacho de escasa edad, sucio y raquítico, se plantó frente a Calixto, y con voz que más bien parecía una queja, le suplicó:

—Señor, déme una limosnita, por el amor de Dios.

José puso una moneda en la huesuda mano de la anciana.

—Tome señora. Quizás usted me dé buena suerte en el viaje.

—Que Dios lo bendiga —dijo la anciana.

El que ocupaba el lugar adelante de ellos, a quien acompañaba una mujer, preguntó a José.

—¿Usted va para Guatemala?

—Sí, pero sólo de paso.

—¿Ah, sí? ¿Y después para dónde?.

—Después a México. Y de ahí, si tenemos suerte, a los Estados Unidos.

—Huy —dijo la mujer—, eso es peligroso. Yo no me atrevería. Una prima mía se fue en un viaje de esos hace tres años, y hasta la fecha no se sabe nada de ella. La familia ignora si llegó con vida, si se perdió, o qué pasó con ella.

—Quizás se consiguió un gringo y se casó —dijo el hombre en tono de broma—. Y ya no quiere saber nada de su familia. Tu prima era muy bonita.

A lo que la mujer replicó:

—Ajá, ahora veo que mi prima te gustaba más que yo, ¿verdad?

—No mi amor, eso nunca. Mujer como vos no hay otra.

—Hm, vaya pues.

El hombre y la mujer se estrecharon y luego hablaron de un tema ajeno a Calixto y José, por lo que éstos apartaron la mirada de la pareja y reanudaron su propia conversación.

Había anochecido y el que estaba detrás de ellos acomodó en el suelo una especie de colchoneta.

—Por favor me despiertan si se arma algún desorden, o por si viene a molestar la policía.

—Pierda cuidado —dijo Calixto—. Nosotros estaremos en guardia.

José y Calixto continuaron platicando en voz baja. Un individuo se detuvo ante ellos y ofreció comprarles el puesto pero, al notar que lo ignoraban, se marchó.

—Un amigo que se fue en el viaje de mi hermano —dijo José—, tenía problemas para sacar el pasaporte. No quería que lo identificaran.

—¿Y qué hizo para sacarlo?

—Su único camino era hablar con cierta gente que supuestamente se las ingenia para sacar ese tipo de documento.

—¿Documentos falsos?

—No, no son falsos. Es que el amigo tenía miedo de que lo identificaran y ahí mismo lo arrestaran. No sé qué problemas tenía con el gobierno.

—¿Y no podía mandar a otra persona?

—No, él tenía que hacerlo personalmente. Sabía que otra persona no lo podía conseguir.

—¿Y cómo se las arregló?

—Bueno, finalmente logró ver a los contactos, pero el problema era que tenía que pagarles una buena cantidad de dinero para que le sacaran los papeles sin que pasaran la revisión de rigor.

—¿Y cuánto le pedían?

—Quinientos colones.

—El sueldo de un mes.

—Sí. Pero no tuvo más remedio que pagar y sólo así le sacaron el pasaporte, con firmas, sellos y todo.

—Por algo temía que lo identificaran.

—Sí. A saber en qué líos andaba metido. La revisión es el coladero para detectar a la gente que tiene problemas con la ley.

—Pero la plata empareja.

—Así es.

—¿Era amigo de tu hermano?

—Sí. Es el mismo que me prestó el dinero para pagar el viaje.

—Se ve que tiene sus centavos.

—No sé si los tiene o no. Lo cierto es que si él no me hubiera prestado la plata, ésta sería hora en que yo todavía anduviera viendo cómo la conseguía.

—Te hizo un gran favor.

—Sí. A cambio de otro.

—¿Cómo es eso?

—Me prestó la plata con la condición de que acompañara y cuidara a su esposa y a su hermana, quienes viajarán con nosotros.

—Ya veo. Sos el guardián de ellas.

—Exacto. Y yo le prometí que las protegería con mi propia vida.

—¿Y son bonitas?

José sonrió.

—Vamos Calixto, dejate de cosas, lo ajeno no se toca.

—No se toca pero se mira.

Ambos irrumpieron en carcajadas.

# 12

JUEZ: ¿Su nombre es Teresa?

TRADUCTOR: No, es ella.

JUEZ: ¿Es usted Teresa?

TERESA: Sí, señor.

JUEZ: ¿Usted habla y entiende español?

TERESA: Español, sí, pero nada de inglés.

JUEZ: Este caballero entonces traducirá del inglés al español para que usted entienda. ¿Entiende?

TERESA: No, inglés no.

JUEZ: Bien, este caballero va a traducir al español. ¿Entiende español?

TERESA: Sí.

JUEZ: Bien. Esta es una audiencia de deportación. La ley establece que usted puede ser deportada porque entró en este país sin inspección, sin documentos legales; y yo voy a determinar si usted debe o no ser deportada. En esta audiencia usted tiene el derecho de . . .

TERESA: ¿Qué quiere decir "sin inspección"?

JUEZ: ¿Sin qué?

TERESA: Inspección.

JUEZ: A usted se le acusa de haber pasado a escondidas la frontera. ¿Tenía visa para entrar en los Estados Unidos?

TERESA: No.

JUEZ: Cuando usted llegó a este país, ¿no tenía permiso, verdad?

TERESA: No.

JUEZ: Pues, ¿cómo entró si no tenía permiso?

TERESA: A escondidas.

JUEZ: De eso exactamente se le acusa, de entrar sin permiso, y de eso se trata esta audiencia.

TERESA: ¿Cómo, señor juez?

JUEZ: Voy a determinar si entró sin ser inspeccionada y debidamente admitida. Ahora, tiene el derecho de ser representada por un abogado que usted escoja, pero no a expensas del gobierno. Eso quiere decir que si desea un abogado, le corresponde a usted hacer los arreglos. Deben de haberle entregado una lista de organizaciones que tienen abogados que tal vez la representen gratuitamente. También un papel que describe su derecho de apelación en esta audiencia. ¿Lo recibió?

TERESA: Sí.

JUEZ: Sí, bien.

TERESA: Sí.

JUEZ: Ahora, si quiere tener la oportunidad de comunicarse con alguien de esa lista de organizaciones o desea comunicarse con algún abogado privado para que la represente en la audiencia, aplazaré su caso mientras haga esos arreglos. Puede hablar por usted misma si quiere. Si así lo desea, se lo permitiré y continuaremos la audiencia ahora mismo. ¿Qué prefiere? ¿Necesita tiempo para buscar abogado o quiere representarse a usted misma?

TERESA: No entiendo eso de hablar por mí misma. ¿Qué significa eso?

JUEZ: Significa que si usted quiere contestar las preguntas que le hará el señor fiscal y proceder en la audiencia, que puede, pero la ley establece que si desea conseguir un abogado que la represente, tiene el derecho de obtenerlo. ¿Entiende? ¿Desea una oportunidad para buscar abogado?

TERESA: Sí.

JUEZ: Bien, ahora, ¿era su intención solicitar asilo?

TERESA: Sí.

JUEZ: ¿Eso es lo que quiere hacer?

TERESA: Sí, busco asilo político.

JUEZ: Le voy a dar una solicitud y usted tiene diez días para llenarla, haciendo constar todas las razones por las cuales cree que su vida corre peligro al regresar a su país. Ahora, si usted llena la solicitud y la devuelve dentro de diez días, la solicitud será procesada. Después, en una audiencia tomaré una decisión respecto a su solicitud. Pero si no la entrega dentro de los diez días que establece el reglamento, se fijará una audiencia para . . .

FISCAL: Para el 7 de marzo, señor juez.

JUEZ: ¿El 7 de marzo?

FISCAL: Sí, a las diez de la mañana.

JUEZ: Bien, el 7 de marzo, a las diez de la mañana. Y si desea un abogado, es en esa fecha que el abogado tiene que estar aquí para representarla. ¿Entiende?

TERESA: Sí.

JUEZ: ¿Entiende?

TERESA: Sí.

JUEZ: Ahora, tiene que estar aquí para esa audiencia el 7 de marzo, a las diez de la mañana, a menos que entregue esa solicitud. ¿Entiende?

TERESA: Sí.

JUEZ: ¿Entiende?

TERESA: Sí.

JUEZ: Y si entrega la solicitud, le darán una nueva fecha para la audiencia, pero si no manda la solicitud dentro de diez días, tiene que estar aquí para la audiencia del 7 de marzo aunque pague la fianza y la dejen libre. ¿Entiende?

TERESA: Sí.

JUEZ: ¿Entiende?

TERESA: Sí.

JUEZ: Y si no entrega la solicitud y si no está aquí para la audiencia, tomaré una decisión sobre su caso aunque no esté presente. ¿Entiende?

TERESA: Sí.

JUEZ: ¿Entiende?

TERESA: Sí.

JUEZ: Que no se le olvide. Es muy importante, y apunte la fecha para que no se le olvide . . . Caso aplazado.

# 13

*(Cocina. Calixto, Juancho, Caremacho, Chele Chile, Cali, Noé, otros.)*

Aquí no celebran el Día de la Cruz.
¿Qué día es ése?
El 3 de mayo.
¿Y cómo celebran ese día en tu país?
La gente pone cruces de madera en los patios de las casas y las adornan con ribetes de papel de china de muchos colores vistosos.
Cuelgan de la cruz toda clase de fruta.
Uno se hinca ante la cruz, dice una oración y toma una fruta. Eso es lo que yo recuerdo de ese día.
Yo no olvido el 3 de mayo. Porque, como yo siempre andaba con el hambre atrasada, ese día aprovechaba para hartarme de fruta.
Cuando yo adoraba la cruz, mientras decía la oración ponía el ojo en el guineo o en el mango más grande, lo agarraba de un solo manotazo y ahí mismo le daba la primera mordida.
Yo recorría el vecindario. Me hincaba ante la cruz, me persignaba, miraba para todos lados para ver si alguien me estaba observando y echaba dos frutas en la bolsa, a veces tres.
Sólo estás supuesto a coger una fruta nada más. Dos, es pecado, Calixto.
Yo no sé si es pecado. Pero lo cierto es que tenía que aprovechar ese día.
¿Y no te enfermabas del estómago de tanto comer fruta?
Me daba indigestión y luego diarrea. Pero prefería enfermarme a aguantar hambre.
Casualmente yo llegué a este país antes del 3 de mayo. Recuerdo que me levanté temprano para aprovechar a recorrer el vecindario. Un día antes, fui a conseguir una bolsa grande al supermercado con la intención de llenarla de mangos y guineos.
Ibas bien preparado, Juancho.

Sí hombre, se me hacía agua la boca de sólo pensar en toda la fruta que iba a comer.

¿Y qué dijiste al no ver las cruces en la calle?

Quedé desilusionado. La boca se me puso agria. Y pensé: "Qué cosa rara, en este país no celebran el Día de la Cruz".

Es que aquí celebran otras cosas. Como el Día del Pavo.

O el Día de las Brujas.

A mí, un Día de la Cruz, unos paisanos me llevaron a la calle 14, aquí en Washington, con el cuento de que en esa calle ponían cruces adornadas y con mucha fruta.

Te jugaron una broma, Calixto.

Entramos en un bar y, de repente, mis ojos se clavaron en el cuerpo rosado de una mujer que bailaba sobre una tarima mientras los hombres le lanzaban billetes.

(Carcajadas.)

¿Y cuál fue tu reacción?

Me asusté, y dije: "¡Válgame Dios, esa mujer está en pelota!"

(Fuertes risas. Varios camareros entran en la cocina atraídos por las risas, entre ellos Noé, cubano.)

Óyeme chico, ¿tú nunca has visto una mujer en cueros? ¡Cosa más grande! ¿Y de qué remoto lugar vienes tú?

Es que en nuestro pueblo no se ven esas cosas. Las mujeres son tan recatadas que no se desnudan ante uno aun después del matrimonio, ¿no es cierto Juancho?

¡Dime tú! ¡Antes, en la Habana eso era tan común, chico! ¡Óyeme, existían lugares que presentaban grandes espectáculos! ¡Bah, la calle 14 se queda corta!

Pues yo no podía creer lo que veía.

¿Y qué hiciste entonces?

Me di un pellizco en el brazo para asegurarme de que no soñaba, porque nunca había visto cuerpos así ni siquiera en película, mucho menos en persona.

Te quedaste con la boca abierta.

¡Y con los ojos desorbitados!

Miraba para todos lados. Confundido, además, porque los otros no parecían emocionarse tanto como yo.

¿Te acercaste a la mujer?

Sí. Y en mi emoción le empecé a hacer ojitos.

(Ríen de buena gana.)

¿Y ella qué hizo?

No me lo van a creer, pero me hacía señas para que me acercara.

¡Le habías caído bien!

Eso es lo que yo también creí, y me emocioné todavía más.

¡Este Calixto es listo para las mujeres!

Pues yo sinceramente creí que le había gustado. Y me puse tan nervioso que no hallaba qué hacer cuando me llamaba.

Te quedaste paralizado ante la rubia.

Sí. Hasta que un amigo me explicó que me pedía un dólar, entonces yo extendí un billete hacia ella.

¿Y qué pasó entonces?

Ella no lo podía alcanzar y me hacía señas para que me acercara más. Pero yo no daba un paso adelante porque sentía una gran pena.

La mujer desnuda te había apantallado.

Alguien me dio un empujón. Y fui a chocar con ella. Sentí que mi nariz se hundía entre sus enormes senos.

(Carcajadas.)

¡Qué buena suerte tiene tu nariz, Calixto!

¿Y qué pasó entonces?

Pues yo estaba como atontado ante el cuerpo rosado de la mujer. Entonces ella aprovechó para zafar el dólar de mis manos y se fue al otro lado de la tarima, y ya no regresó. Yo quedé un tanto decepcionado porque, por un momento, realmente creí que le había gustado.

Esas señas y sonrisas que hacen son parte del negocio, Calixto.

Así es. Pero uno de inocente se cree de esa clase de mujeres, sobre todo cuando sonríen y mueven ese gran cuerpo que tienen.

Te engañaste vos mismo.

Cuando salimos del bar ya era de noche, y en la calle se nos pegaron varias mujeres jóvenes y bonitas; negras, chinas y blancas, que nos hacían toda clase de muecas que me ponían la piel de gallina y me paraban la respiración.

¿Y entendiste lo que decían?

Uno de los muchachos que andaba con nosotros explicó que las mujeres decían que se iban con nosotros por plata.

¿Y qué hicieron? ¿Se las llevaron?

No. Nosotros andábamos por ahí sólo para dar una vuelta.

Buscando cruces con fruta.

¡Y ahí no habían cruces sino mujeres!

Pero sí fruta. ¡Enormes melones!

(Risotadas.)

¡Pero esos no se agarran con sólo persignarse, hay que comprarlos con puros dólares!

¿Y qué piensas ahora de la calle 14?

Aquí todo es al revés. En mi pueblo ni la Juana Mechuda, siquiera por joder, me hacía caso.

¿Y quién es la Juana Mechuda?

Una sordomuda que vagaba por el pueblo, que le tiraba piedras a la gente. A mí me apedreó una vez.

¡Qué buena novia la tuya, Calixto! Te tenías bien guardadito el secreto.

(Risas.)

Lo que quiero decir es que en mi pueblo, por feas o bonitas que sean las mujeres, cuesta bastante trabajo conquistarlas. En cambio aquí, en la calle 14, las mujeres lo conquistan a uno.

Es por dinero, Calixto. Sólo por dinero.

# 14

El lunes por la mañana, Calixto y José tomaron un taxi y fueron a recoger a Silvia y a Elisa, la esposa y la hermana del amigo. Ellas esperaban en la puerta de su residencia, subieron al carro y José indicó al conductor que los llevara a Mejicanos, barrio obrero, extenso e irregular, situado en una de las zonas marginales de la ciudad. Se bajaron en el mercado y, como ninguno de ellos conocía el sector, anduvieron perdidos por media hora, hasta que finalmente encontraron el lugar indicado por uno de los dirigentes del viaje. El hombre había dicho a José:

"Vas a llegar pasado mañana a esta dirección . . ."

José preguntó:

"¿Y ahí, qué? ¿Toco la puerta?"

"La puerta estará abierta. Vos entrá, es una casa con un patio como el de una casa campesina."

"¿La hora?"

"Entre las once de la mañana y la una de la tarde."

La casa indicada resultó ser una enramada sostenida por seis horcones de árboles cortados burdamente. El hombre había dicho "La puerta estará abierta", pero la enramada carecía de puertas, y al acercarse notaron varias bancas vacías y otras que ocupaban mujeres, hombres y algunos niños.

Calixto tuvo la impresión de que habían sido los últimos en llegar. La gente guardaba completo silencio. Las mujeres mantenían las manos ocupadas en algo. Los hombres fumaban. Un individuo caminaba nerviosamente a unos metros de la enramada.

José inspeccionó el grupo con una rápida mirada. Vio una muchacha y se preguntó:

"¿Irá sola? ¿Irá acompañada?"

Los miembros del grupo se mostraban desconfiados, mirábanse unos a otros con impaciencia. Esperaban al guía pero éste no llegaba, el tiempo transcurría y nadie se atrevía a decir una palabra. Así pasaron tres horas.

José pensó:

"Ojalá no nos hayan engañado."

Calixto se convenció de que realmente habían sido los últimos en llegar, y le parecía curioso que en ese largo lapso de tiempo nadie hubiera hablado, y finalmente lanzó una pregunta al aire:

—¿Ustedes conocen a Miguel?

Y esa fue la chispa que necesitaban, porque de ahí en adelante todo el mundo habló.

—¿Y usted de dónde viene?

—¿Deja hijos?

—¿Y para dónde va?

Comenzaron también a compartir lo poco que llevaban. A extraer papeles de sus maletas. Parecían estar uniformados. Cada uno de ellos portaba un maletín pequeño, vestía ropa color azul, gris o negro, calzaba zapatos tenis. Calixto contó treinta personas incluyendo varios niños. Pensó que el menor habría de tener siete años de edad y le recordó a uno de sus hijos.

Finalmente apareció un individuo a quien nadie prestó atención porque en ese momento se hallaban como poseídos por la fiebre de dar a conocer lo que llevaban. Un hombre de avanzada edad mostraba la parte interior del cincho en que escondía la dirección y el teléfono de su destino. De repente fue presa del pánico de extraviarse, y de que la información que llevaba fuera errónea o falsa. Entonces, se dio a la tarea de anotar domicilios de otros. Esa desesperación contagió a los demás y comenzaron a intercambiar datos.

—¿Y usted para dónde va? Déme el teléfono, por si acaso.

—Sí, apunte el número, la señora es buena persona. Es una señora gordita, que camina así, mire, y vive en una casa color blanco.

—¿En Los Ángeles?

—Sí, en Los Ángeles, cerca de una tienda.

Trataban de asegurarse de algo que no tenían en ese momento. Sus únicas posesiones eran la ropa que vestían y un maletín que escasamente acomodaba enseres para limpieza personal y un cambio de ropa. Habían abandonado todas sus posesiones materiales y sentimentales, por pocas o muchas que hubieran sido. Las direccio-

Mario Bencastro

nes y los teléfonos representaban puntos de referencia en el nuevo mundo al que se dirigían, puntos de apoyo en un lugar extraño; pequeñas esperanzas. Pero cuando el dirigente advirtió el intercambio inmediatamente los regañó:

—No, no. Aquí cada quien con su problema, porque después la Migra arresta a esta gente, llega a esas casas y detecta a otros indocumentados por papeles que decomisan a los que capturan en la frontera. Y pagan justos por pecadores.

José observó al guía y lo primero que notó fue su sonrisa en una boca sin dientes. Llevaba un brazo enyesado, acaso fracturado en una riña. Además, tenía una increíble cara de borracho.

Luego apareció su lugarteniente, un hombre que a Calixto y a los otros pareció extranjero. Usaba sombrero tejano, calzaba botas de cuero fino y una chaqueta estrecha poblada de flecos. El otro era de aspecto sencillo, de abierta conversación y bastante amable con los viajeros.

Los hombres pasaron revisión al grupo y, con mirada torva e indiscreta, examinaron a las mujeres jóvenes, quienes volvían los rostros hacia sus acompañantes para darles a entender que no estaban solas. Nadie dijo ni reclamó nada.

—¿Todos traen el dinero? —preguntó el del brazo enyesado.

—¡Sí! —contestaron hombres y mujeres.

—Muy bien. Porque ustedes saben que sin dinero aquí nadie camina.

—Y, para empezar, necesito cien dólares de cada uno. ¡Así que, cayendo!

Todos sacaron sus billetes.

—Pero queremos dólares —enfatizó el otro—. Puro dólar. Aquí no vale Colón.

Una vez que recogieron el primer pago de todos los integrantes del grupo, uno de ellos dijo:

—Antes de salir les enseñaremos algunas cosas que deben tener presentes en todo el viaje.

—Les vamos a enseñar cómo defenderse en México, y a evitar decir ciertas palabras para que no los descubran.

—Es decir, tienen que empezar a pensar como mexicanos. ¿De acuerdo?

El grupo permanecía atento y en silencio; de repente a José se le ocurrió decir:

—Yo de México lo único que conozco son canciones rancheras.

Se oyeron risas nerviosas y algunos comentarios.

—Está bien. Quién sabe. Esas rancheras te pueden ser útiles en un momento determinado.

—¿Ustedes han visto películas mexicanas? —preguntó el lugarteniente.

—Sí —contestaron algunos.

—Bien, pues de hoy en adelante tienen que hablar con ese acento, con ese cantadito con que hablan los mexicanos.

—Hay algunas palabras que no deben decirse. Por ejemplo, no hay que mencionar "pisto".

—Tienen que saber la fecha de la independencia de México. El Himno Nacional y la historia de México en general. Todo esto se lo iremos enseñando en el camino y que no se les olvide.

—Si en México les preguntan "¿De dónde vienes?" ustedes deben responder "Yo vengo de Guanajuato."

—Y si les preguntan cómo es Guanajuato ustedes dicen que en el centro del pueblo hay una torre bien alta.

Uno de los guías empezó a dividirlos en pequeños grupos.

—Ustedes van a ser de León, Guanajuato, ustedes de Jalisco, ustedes de Guerrero, y ustedes van a ser de Mérida, Yucatán.

—Hay un lugar en Yucatán cerca de Guatemala en que hablan parecido a como hablan los salvadoreños. Pero no les aconsejo que digan que vienen de ahí porque la Migra mexicana ya sabe eso y van a sospechar que están mintiendo. Si en dado caso los detienen en Ciudad Juárez, mejor digan que son de ahí.

—Entonces les van a preguntar si conocen tal cantina, y los van a descubrir porque tal vez esa cantina no existe. Las más famosas de Ciudad Juárez son "El charro de la frontera", "La princesa", y "La cantinita". Así que memoricen bien estos nombres.

—Bueno, eso es todo por hoy. Más adelante enseñaremos otras cosas que servirán en el viaje. Cosas que pueden salvarles la vida. Ahora vamos a revisar la ropa y el equipaje.

Calixto tuvo la impresión de que los hombres revisaban minuciosamente el contenido de los maletines con la única intención de investigar las posesiones de cada uno.

Mario Bencastro

Una señora se mostraba un tanto renuente a abrir su maletín pero el guía insistió y se vio obligada a hacerlo.

—Y ese oro que lleva para quién es —preguntó el hombre con marcado interés.

—Es para unos familiares que viven en Los Ángeles. Es un encargo.

Los guías intercambiaron miradas y sonrieron maliciosamente.

—Esta ropa que usted lleva es muy escandalosa —dijo uno de ellos a una mujer que vestía una blusa color ocre—. ¿No trajo otra?

—Sí —contestó el que la acompañaba—. Trae ropa oscura.

—Bueno, entonces que se cambie en la próxima oportunidad. ¿Usted la acompaña?

—Sí.

—¿Son marido y mujer?

—Sí. Somos casados.

Un guía se acercó a una joven que parecía viajar sola y le examinó el abultado contenido del maletín.

—Usted lleva mucha ropa. Mire si otra persona tiene espacio en el maletín y le puede ayudar a llevar algo, de lo contrario tiene que dejarla. Recuerde que esto no es un viaje de vacaciones.

—Bueno —dijo el otro—, entonces estamos listos para salir. Ahora los vamos a dividir en grupos.

—De hoy en adelante estos grupos siempre van a andar juntos. Hasta que lleguemos a la frontera.

—Los que no tienen documentos que pasen a este lado —indicó el de la mano enyesada.

Siete adultos y varios niños se hicieron a un lado.

—Ustedes formarán un grupo especial, que en ciertos momentos se van a apartar para tomar una ruta diferente. Ustedes no pueden ir todo el trayecto con el resto porque vamos a pasar por aduanas y hay que presentar papeles.

Bajo las órdenes de los guías los viajeros abandonaron la enramada y se dirigieron a la calle. Ahí esperaban varios carros de alquiler que los llevaron a la terminal de occidente, donde abordaron un autobús para viajes turísticos, grande y cómodo.

Cerca de las seis de la tarde llegaron a la frontera de Guatemala. Bajaron del autobús y entraron en la aduana para pasar la revisión de rigor. Les habían advertido que en la aduana tenían que pagar cierto dinero y que lo llevaran preparado.

Calixto siguió el ejemplo de los otros, abrió su maletín y depositó el contenido sobre la mesa, el que fue examinado ligeramente por un agente de aduana quien, sin dar explicaciones, tomó el desodorante y lo metió en una gaveta.

"No sé por qué lo agarró," pensó Calixto. "Quizás le apesta el sobaco, necesita desodorante y le gustó el mío."

Calixto prefirió guardar silencio y no hacer ningún reclamo.

Mientras que unos agentes examinaban el equipaje, otros habían tomado los documentos y parecían revisar listas, como si buscaran algún nombre en especial. Pasaban rápidamente la mirada sobre los viajeros y Calixto sintió escalofríos al advertir que un inspector lo observaba detenidamente. El se hizo el disimulado y de repente creyó que lo apartarían para ser interrogado, harían que confesara que lo buscaban por razones políticas, sería arrestado y lo entregarían a las autoridades de su país. Pero segundos después Calixto vio que el hombre encendió un cigarrillo y fumaba, y le pareció que, como los otros, se preocupaba por ver qué podía decomisar.

José, por su parte, se preguntaba si los inspectores tenían idea del propósito del viaje, y concluyó que era imposible que no lo advirtieran, pues todos cargaban maletas pequeñas, vestían ropa oscura, los hombres calzaban zapatos tenis y las mujeres zapatos cubiertos y sin tacón. Iban para Guatemala y no llevaban equipaje.

"A larga distancia se nota que vamos con la intención de entrar ilegalmente en los Estados Unidos," pensó. "Somos portadores de un secreto a todas voces. Ahora entiendo que es necesario que paguemos 'mordida' para que no nos hagan la vida imposible y sigamos adelante."

José tenía razón, el grupo estaba marcado, y sus intenciones se harían más notables a medida que se acercaran a la capital de México, o la fueran bordeando, según la ruta que tomara la odisea timoneada por los astutos coyotes.

Cuando el autobús reanudó la marcha después de haber pasado revisión en la aduana, Calixto se recostó en el respaldo del asiento y cerró los ojos para descansar y tratar de aislarse de lo que pasaba a su alrededor. Escuchó al conductor decir: "Ahora sí que estamos en otro país," y de repente se le vino encima la certidumbre de que dejaba su tierra, de lo cual no había estado consciente hasta ese momento, porque la preocupación por conseguir el dinero para pagar el viaje había ocupado su atención por completo. Pero ahora tenía la plena seguridad de que partía, y entonces sintió una profunda nostalgia por su gente y por su barrio y, para consolarse, empezó a recordar todo lo que le fue posible con tal pasión y detalle como si de aquel recuerdo dependiera su misma existencia. Con los ojos cerrados recorrió mentalmente el vecindario y reconstruyó el barrio. Las imágenes fueron cobrando vida y desfilaron en su memoria, convirtiéndose en el único consuelo, pues aunque se alejaba de su tierra físicamente, tenía la firme convicción de que la llevaría en su corazón para siempre.

# 15

## RESIDENCIA EN EL PARQUE

Cuando la noche cayó sobre la ciudad, Armando entró en el parque Central —situado en el corazón de Manhattan entre las calles 59 y 110—, buscando donde dormir. El lugar era como su casa y él estaba familiarizado con los alrededores, los sectores menos sucios, y hasta había aprendido a ver en la oscuridad. "Como los murciélagos," pensó.

Cerca de treinta vagabundos de distinto origen que incluía latinos, asiáticos e incluso norteamericanos y que hablaban diversas lenguas, regularmente pasaban la noche en aquel parque de densa vegetación. Aquellos habitantes nocturnos representaban algo así como la "Organización de Naciones Unidas de la Desgracia", cuya sede era el parque, harto diferente a la Organización de Naciones Unidas, la entidad internacional asentada en un bello rascacielo entre las calles 42 y 48 a orillas del East River, no muy lejos de allí, integrado por importantes representantes de los países del mundo.

Armando improvisaba un lecho con cartones y hojas, se acostaba con cuidado y cerraba los ojos. Acompañado por una serenata de grillos y de extraños ruidos de animales nocturnos, pensaba en los seres queridos que dejó atrás. De vez en cuando abría los ojos para escrutar los alrededores y asegurarse de que ningún otro vagabundo, o un ladrón, lo acechaba, pues era notorio que los mismos de su clase se asaltaran entre sí. Cierta noche, él fue violentamente despertado por un grupo de pordioseros quienes, armados con piedras y garrotes, lo forzaron a entregar los últimos tres dólares que poseía. La vida era dura en ese submundo y no se podía confiar ni de sus mismos compañeros de miseria.

Pero más que su estado personal, le preocupaba su familia. Necesitaba hacer dinero y mandarlo porque dependían de él. En su tierra creían que se encontraba bien, "que nadaba en un mar de plata." Ignoraban que vivía en la calle y que sufría los rigores del frío y el hambre. Nunca se lo creerían. Le dirían: "¿Cómo es posible que existan vagabundos en la nación más poderosa del planeta?" Pero claro que sí existían. El constituía un ejemplo vivo e irrefutable. "Si no que vean cómo ando vestido, dónde duermo y qué como," pensó.

55

La desesperación había hecho pensar a Armando en robar en más de una ocasión, pero los antiguos consejos de su abuela persistían en su memoria: "Hijo, una persona digna nunca debe robar." El único deseo de Armando era trabajar en forma permanente, lo cual no había logrado a pesar de haber llegado a los Estados Unidos doce meses atrás, soñando con comprarse un automóvil convertible, hacerse rico y enviar el dinero necesario a su familia para que se uniera a él. En su país, el salario de motorista de autobuses urbanos no era suficiente para proveer a su esposa e hijos una existencia decente. La profesión de busero en su tierra no tenía futuro. El salario era miserable, y encima de eso los propietarios de los autobuses acusaban a los motoristas de robarse el aporte de los pasajes.

Armando consiguió un préstamo y pagó un coyote. Después de un largo y difícil viaje en autobús, tren y a pie por El Salvador, Guatemala y México, y finalmente en un camión-tanque de gasolina adecuado para el tráfico de indocumentados, cruzó la frontera de los Estados Unidos y fue a buscar suerte a la populosa ciudad de Nueva York donde supuestamente lo esperaba un amigo quien, justo una semana antes había sido capturado por Migración y deportado a su país. Julio, un mexicano que entonces ocupaba el cuarto de su amigo se solidarizó con él, le dio posada y lo introdujo al mundo del barrio latino de Manhattan.

Al principio laboró en un restaurante lavando platos, luego en la industria de la construcción, y alquilaba un cuarto. Eventualmente las oportunidades escasearon y los desempleados se multiplicaron. Fue incapaz de pagar un alquiler después de permanecer sin trabajo por varias semanas, y fue desalojado.

Como muchos vagabundos, Armando no tenía permiso para trabajar, ni derecho a los beneficios de programas federales de ayuda, a la que muchos de ellos rehuían por temor a ser deportados. Esto también los desanimaba a pasar la noche en los centros de albergue para pobres y desamparados. Temían que les pidieran papeles y los reportaran al Departamento de Inmigración.

Recostado entre los arbustos Armando relataba a Julio la vez que consumió un alimento substancioso.

"Fue mi primera comida completa en este país. Una gran porción de papas fritas, una amburguesa, pastel de chocolate y un enorme vaso de refresco. Pero ahora no tengo ni un dólar para un pedazo de pan."

A Julio, quien en su país se desempeñó de maestro, el hambre lo había agobiado al extremo de enfermarlo.

"Varias veces he pasado hasta tres días sin comer absolutamente nada, y sentido que la cabeza me daba vueltas del hambre."

Armando agregó:

"Cuando nos ven en estas fachas, nos tachan de delincuentes, pero nosotros somos decentes como cualquier otra persona. Sólo que, a causa del desempleo, somos vagabundos, hambrientos y desamparados."

"Eso tampoco es nuestra culpa," aclaró Julio. "Llegamos a este país con muchos sacrificios, con grandes deseos de progresar y nos tocó la mala suerte. Pero no perdemos la esperanza. Quién sabe, quizás un día de estos encontremos un trabajo."

"Esa es la realidad," afirmó Armando. "Mucha gente nos insulta y nos grita que regresemos a nuestro país, a buscar oportunidades allá."

"Prefiero morir a regresar en estas condiciones," dijo Julio. "Mi familia y mis amigos no me lo perdonarían. Dirían que tuve la suerte en mis manos y que no la supe aprovechar."

Armando añadió:

"Después de la guerra mi país quedó en la miseria y aumentó el desempleo, lo que obligó a muchos al robo y a la delincuencia. Mientras tanto, yo estoy aquí atrapado en esta extraña situación. Pero es preferible quedarse en este país a como dé lugar, así disminuimos los problemas de nuestra tierra. Pues como dicen en mi pueblo: Un indio menos una tortilla más."

*La Crónica del Barrio*
Nueva York
5 de abril de 1995

# 16

JUEZ: ¿Usted es Teresa?

TERESA: Sí.

JUEZ: ¿Habla y entiende español?

TERESA: Sí.

JUEZ: Bien, yo aplacé este caso en febrero para darle la oportunidad de solicitar asilo político, pero usted no ha entregado la solicitud.

TERESA: Es que sólo ayer, el señor de la iglesia vino a llenar el formulario.

JUEZ: ¿El se lo va a llenar?

TERESA: Sí, ya lo ha hecho y . . .

JUEZ: Bien.

TERESA: Y lo trajo aquí ayer.

JUEZ: Bien, entonces usted tendrá diez días a partir de hoy para entregármelo. ¿Entiende? Y si no lo entrega . . . dentro de los próximos diez días, ya no le daré más tiempo, y deberá estar aquí para una audiencia el primero de abril a las dos de la tarde.. ¿Entiende?

TERESA: ¿A las qué?

JUEZ: A las dos de la tarde.

TERESA: Dos de la tarde . . .

JUEZ: ¿Usted entiende eso?

TERESA: Sí . . . es que el señor de la iglesia se llevó el papel y dijo que lo iba a mandar.

JUEZ: Bien, pero asegúrese de que él lo entregue dentro de diez días de lo contrario me veré obligado a rechazar la solicitud. ¿Entiende?

TERESA: Sí.

JUEZ: Bien. Ahora, si no entrega la solicitud, tiene que estar aquí para una audiencia el primero de abril a las dos de la tarde. ¿Entiende?

TERESA: Sí.
JUEZ: Bien, caso aplazado.

# 17

Un rótulo grande y despintado anunciaba: "La perla del sur." José empujó las oscuras persianas y éstas emitieron un chirriante sonido parecido a una queja. Una vez adentro, tuvo la sensación de encontrarse en una cueva caliente y semioscura, en cuyo interior descubrió varios parroquianos que al principio eran sombras y segundos después cobraron la forma de extraños personajes momificados. Una figura que semejaba una mujer ocupaba la mesa en un rincón cerca del mostrador. Bebía a solas de un vaso vacío, se incorporó y, con paso lento y tambaleante, vino a recibirlo.

"Aquí ni siquiera las putas se ven buenas," pensó José observándola mientras se acercaba.

Tomó asiento. Del cuarto de la letrina emanaba un tufo rancio y penetrante.

Las paredes del lugar, resquebrajadas y de color indefinido, estaban cubiertas de imágenes enmarcadas bajo vidrio algunas y otras simplemente clavadas en la pared. Se destacaba la voluptuosa figura de una mujer desnuda de cabello oscuro y largo, reclinada en una pose sugestiva. En otra pared se distinguía la imagen del Sagrado Corazón de Jesús rodeada de santos y un calendario vencido. Cerca del conjunto, una frase escrita en la pared predicaba: "La vida es una tómbola."

En la letrina alguien empezó a vomitar con tal ruido y fuerza como si fuera a expulsar las vísceras. José cambió de mesa.

"La perla del sur," pensó. "Vaya nombrecito. Esto más bien parece la cloaca del sur."

La mujer se acercó sin pronunciar una palabra. Como una momia, permanecía inmóvil.

—Una cerveza —pidió José como para espantarla.

Ella hizo un gesto extraño y lentamente le dio las espaldas para dirigirse hacia el mostrador.

"A ese paso regresará con la cerveza mañana."

Un hombre emergió de la letrina y, tropezando con las mesas y las sillas que encontraba a su paso, finalmente llegó a la cinquera y seleccionó varias piezas. La triste y desolada canción ranchera pareció consolarlo. Fue a reunirse con dos individuos que ocupaban una mesa y desde ahí, entre incontenibles eructos, gritó:

—¡Celina, tres cervezas más!

—Vamos, no tomes tanto —protestó un compañero—. Recuerda que mañana temprano debemos continuar el viaje. La gente está impaciente por salir.

—Ya esperaron tres días —dijo el embriagado—. Qué aguanten otro más.

—¿Cuántos llevan? —preguntó alguien de otro grupo.

—Veinticinco.

—Buen negocio. ¿Por dónde piensan pasar?

—Tijuana.

—Tengan cuidado. Esa parte de la frontera está más vigilada que de costumbre. En el último viaje llevábamos treinta y los capturaron a todos. Nosotros escapamos de pura suerte.

La mujer despachó el pedido de los hombres, trajo bebidas a José y se sentó junto a él.

—Pensé que me invitaría a una cerveza, por eso traje dos.

—Está bien —José empujó una botella hacia ella.

—¿Para el Norte?

—Sí, con la esperanza de conseguir un buen trabajo.

—Para allá iba yo. Y no me explico por qué terminé quedándome en este maldito lugar. Soy hondureña. Según yo iba para Hollywood. Soñaba con triunfar como muchas grandes actrices . . . No me vea de esa manera . . . Para su información, yo en un tiempo era hermosa. Aunque no me lo crea fui reina de la belleza en mi ciudad, y el hombre más rico del pueblo quería casarse conmigo. Yo quería llegar más lejos . . . conocer el mundo . . . pero al pasar por aquí este pueblo se tragó mis sueños y me atrapó en su miseria . . .

—¿Y por qué no regresó a su tierra?

—Porque para regresar a lo mismo mejor me quedo aquí. Además que el tiempo ha pasado, y ya no soy la belleza de antes . . .

José pidió dos cervezas más y, mientras ella volvía, fue a botar el contenido de las botellas en la letrina y regresó a la mesa con los frascos vacíos.

—Por aquí pasan muchos como usted —dijo la mujer al volver—. Con grandes esperanzas. Algunos van convencidos de que allá se harán millonarios.

—El deseo de progresar lo empuja a uno a dejar familia y país —comentó José, impresionado por la actitud resignada de la mujer. De la cinquera brotó la voz de Miguel Aceves Mejía:

"Estoy en el rincón de una cantina
oyendo la canción que yo pedí,
me están sirviendo 'orita mi tequila
y va mi pensamiento junto a ti . . ."

Un cliente hizo coro a la canción. Otro lanzó un grito como alarido.

—Esos coyotes ya están locos de tanto alcohol que han consumido —dijo la mujer—. Son todos iguales. Se olvidan de la gente. La mantienen encerrada y la hacen pasar hambre sólo por emborracharse.

—¿Así tratan a los viajeros?

—Bah, eso no es nada. Los tratan como animales.

—Así que usted también iba para el Norte.

—Sí . . . con muchas ilusiones. Pero el guía del grupo se enamoró de mí, y yo de él. Y cuando llegamos a este pueblo estuvimos tres días y tres noches amándonos como recién casados. Cuando llegó el tiempo de continuar me convenció de que me quedara porque el trayecto era peligroso. Atrasó el viaje dos días más. Aquello fue una verdadera luna de miel. Al marcharse me dejó mucho dinero, rogándome que lo esperara. A su regreso nos casaríamos . . . Recuerdo sus últimas palabras: "Tú eres la mujer ideal que he buscado toda mi vida. Nos casaremos y seremos felices. Te trataré como a una reina."

Unos gritos interrumpieron el relato de la mujer.

—¡Celina, tres cervezas más!

—Otras cuatro para mí —pidió José.

"Este hombre tiene sed de elefante," pensó ella al levantarse. Ignoraba que éste tomaba dos tragos de la botella, iba al baño y desechaba el resto. Era parte de su estrategia para enfrentarse a los guías, si es que venían a la cantina, hombres desalmados dispuestos a todo en aquel lugar de frontera, desolado y sin ley.

Habían dejado atrás su país y detenídose en Tecún Umán para alojarse en una casa de huéspedes, un caserón dividido en pequeños cuartos que servían de dormitorios, preparado especialmente para el tráfico de indocumentados. Para entonces el grupo constaba de treinta personas. Después de haber tomado una cena ligera se encerraron en los cuartos asignados, en que durmieron la primera noche del trayecto.

Mientras descansaban, Silvia comentó a José que uno de los coyotes se había mostrado extremadamente vulgar e insistente con ella.

"Me ha preguntado que quién realmente es usted. Y que si en verdad somos marido y mujer."

"Pierda cuidado," había replicado José. "De hoy en adelante no nos separaremos y estaré más atento a sus movimientos."

La mañana siguiente Silvia decidió bañarse y, cuando el agua de la ducha empezaba a correr, uno de los dirigentes intentó forzar la puerta del cuarto y entrar. Inmediatamente José se adelantó.

"¿Qué te pasa? ¿Para dónde vas? ¿No ves que el baño está ocupado?"

"Mirá, a mí no me vengás con cuentos. Ni ella es tu mujer ni la otra es tu hermana."

El hombre se retiró. José regresó a su cuarto y comunicó a Calixto lo sucedido.

"Este no va a dejar tranquila a Silvia fácilmente," dijo Calixto. "Es un gran problema porque estamos en sus manos y no podemos enemistarnos con él. Puede tomar represalias y abandonarnos en tierras desconocidas."

"Pero de alguna manera debemos demostrarle que no permitiremos que nos maltrate a su antojo."

"Tampoco vamos a convencerlo con palabras."

"Cierto. A éste sólo se le puede hacer entender en la manera que él ve las cosas."

"Mucho cuidado," aconsejó Calixto. "Estos hombres son mil veces más zorros que nosotros."

Después de haber meditado sobre el problema durante todo el día, José pidió a Calixto que cuidara a las muchachas y salió a cami-

*Mario Bencastro*

nar por el pueblo. Serían alrededor de las cuatro de la tarde cuando descubrió una tienda.

"¿Venden cuchillos?" preguntó al entrar.

El tendero estuvo por un momento observando curiosamente a José quien, sin inmutarse, permanecía en silencio en el centro de la tienda. El hombre movió la cabeza en gesto de afirmación.

"Necesito uno de tamaño mediano y bien afilado."

A las cinco de la tarde regresó al hospedaje. Los cabecillas platicaban en el pasillo con el propietario. Con el propósito de que lo oyeran, casi a gritos indicó a Calixto:

"Compadre, voy a salir a dar una vuelta."

"¿Adónde?"

"A dos cuadras de aquí está 'La perla del sur'. Ahí estaré tomándome una cerveza."

La cinquera cambió de canción. La melancólica voz de Julio Jaramillo impregnó el sombrío ámbito de la cantina.

"Vivo solo sin ti
sin poderte olvidar
ni un momento nomás,
vivo pobre de amor
en espera de quien
no me da una ilusión . . ."

La mujer retornó con dos cervezas en cada mano. José preguntó:

—¿Y qué pasó con su enamorado?

Ella suspiró.

—Sólo Dios sabe. Nunca apareció y me quedé esperándolo. Creí que aquel amor sería para toda la vida, pero el destino no lo quiso así . . .

" . . . miro el tiempo pasar
y el invierno llegar
todo menos a ti . . ."

Los hombres volvieron a pedir cerveza y la mujer fue a atenderlos. En ese momento las persianas de la entrada se abrieron abruptamente para dar paso a la tenue claridad del ocaso. José advir-

64

tió la llegada de los guías, quienes vinieron directo hacia él. Notaron la cantidad de botellas vacías y tuvieron la completa seguridad de que estaba borracho. José metió una mano bajo la mesa, preparó el filoso cuchillo y lo mantuvo apretado entre las piernas.

Uno de los cabecillas dijo:

—Mirá, dejémonos de mierdas. El asunto es que a mí me gustan esas mujeres. Me gustan.

El otro tiró un fajo de dólares sobre la mesa.

—Te damos doscientos por cada una. Vos no perdés. No perdés absolutamente nada. Incluso me gustás como amigo, me caés bien, y no te voy a cobrar la pasada en la frontera. Agarrá la plata.

José lo miró a la cara con desprecio.

—Esas mujeres no están a la venta. No hay negocio.

—No jodás. No seás tonto. Vos no perdés nada con que nosotros nos acostemos con ellas. Total, no son nada tuyo.

José hizo un brusco movimiento, y antes de que el hombre retrocediera le puso la punta del relumbrante cuchillo en la garganta, al tiempo que decía:

—Te dije que no, y si insistís, el único negocio es éste. Así que vos decidís.

El guía lanzó una fuerte carcajada, no en señal de temor sino de burla. José retiró por un segundo la punta del cuchillo y nuevamente se la acercó a la garganta.

—Burlate de mí si querés, pero conmigo no hay negocio.

El hombre volvió a reír.

—No, definitivamente, me gustás como amigo. Olvidémonos de las mujeres y mejor bebamos cerveza.

José guardó el cuchillo pero se mantuvo en guardia. El otro gritó:

—¡Cantinero, tres cervezas! ¡Una para mí y otra para cada uno de mis amigos!

Los tres alzaron botellas y bebieron. La cinquera cantaba con la fuerte voz de Vicente Fernández:

"No podré ya seguirte los pasos
tu camino es más largo que el mío
tú te vas a buscar otros brazos
yo me quedo a cumplir mi destino . . ."

# 18

*(Cocina. Calixto, Cali, Juancho, Chele Chile.)*

El destino juega con uno. Nunca imaginé que un día estaría lavando platos en tierra extraña. En mi país hice de todo, empecé de jornalero en mi cantón, después me fui a la capital y trabajé de zapatero y luego de albañil. Es decir, cuando no andaba en borracheras, porque la desesperación del desempleo y la miseria lo empuja a uno al alcoholismo. Pero aquí en este país me he regenerado, sólo de vez en cuando me tomo mis cervezas, y ahora hago un trabajo de cocina que en nuestra tierra generalmente está reservado para la mujer.

O sea que, en cierto modo, has progresado Calixto.

Así parece.

Tampoco yo imaginé que después de andar arreando vacas en mi pueblo, iba a estar tan lejos, viviendo en una tierra tan diferente.

¿Cómo se llama el lugar del que vienes?

Ojo de agua.

¿Es grande?

No. Es un caserío en un montaña llena de culebras, iguanas y garrobos.

Bueno, ni tanto. Para mí que es un pueblecito muy lindo.

Era. Porque ahí hubo encuentros entre la guerrilla y tropas del gobierno. Las bombas destruyeron el lugar y los que sobrevivimos nos fuimos a otros pueblos huyendo de la guerra. Ahora es un lugar fantasma.

Se nota que añoras tu tierra.

¿Y cómo no la voy a añorar? Si ahí nací y crecí, aprendí cosas tan importantes.

¿Como qué? ¿Qué se puede aprender en un lugar tan alejado de la civilización como ése?

Bueno, a manejar el machete y la cuma.

Arrear bueyes y vacas.

Montar a caballo.

Sembrar la milpa.

Cortar algodón.

Cazar iguanas y garrobos.

Beber chicha.

Masticar tabaco.

En fin, tantas cosas que debe aprender un hombre para sobrevivir en el campo. Hasta a respetar la autoridad.

¿Qué hace la autoridad en el campo?

Se encarga de perseguir a los que raptan muchachas.

Y de apresar a los que venden chicha de contrabando.

(Chele Chile a Caremacho.)

¿Y tú, cómo sabes? Yo creía que tú eras de la capital.

Sí, soy capitalino. Pero sé cómo es la vida en el campo.

En el campo se trabaja fuerte. No es para gente débil y delicada. ¿No es cierto Calixto?

Cierto. Yo me levantaba de madrugada, mucho antes de que saliera el sol. Mi desayuno era un par de tortillas con frijoles y café de maicillo.

¿Y por qué te levantabas tan temprano?

Porque caminaba a veces hasta cinco kilómetros para llegar a la hacienda donde cortaba algodón.

¿Cinco kilómetros de camino?

Cosa de costumbre. En el campo uno se transporta a pie.

En la hacienda trabajaba de sol a sol. Por unos pesos al día y un par de tortillas con sal. Bajo el mando de estrictos caporales.

¿Los dueños de la hacienda?

No, los caporales son campesinos pobres como el resto de los trabajadores. Pero se creen poderosos y se vuelven aún más jodidos que los propios dueños de la hacienda.

Tratan mal a su propia gente, la ponen en mal con los patrones para que la despidan o no le paguen el salario correspondiente.

El pobre con un poco de poder, a veces puede llegar a ser más cruel que el rico. El rico se vale del pobre para reprimir al pobre.

Después del trabajo me sentía muerto de cansancio y hambre. Pero aún así caminaba los cinco kilómetros de regreso al cantón.

Muchos trabajadores se quedaban a dormir en la hacienda.

Yo bien podía hacerlo. Pero prefería regresar todos los días porque me hacían falta mi mujer y mis hijos.

En la noche se corría peligro en la hacienda. Se armaban peleas y desórdenes cuando los trabajadores se emborrachaban, se agarraban a machetazos. Resultaban heridos y a veces muertos. Los caporales aprovechaban la noche para violar a las muchachas. Y cuidadito que alguien dijera "esta boca es mía" porque le echaban la autoridad.

En el invierno sí que se complicaban las cosas. Pues llovía con tanta fuerza que las gotas de agua caían en la cara como si fueran pedradas y casi le sacaban a uno los ojos.

Cuando a mí me agarraba la tormenta en el camino, buscaba refugio en una cueva.

Eso hice yo una vez, sólo para que una serpiente me mordiera un brazo.

A la . . .

Sentí como si me hubieran apuñalado el alma.

¿Y qué hiciste?

Chupé el veneno de la mordida y lo escupí. Luego me quité la camisa y la amarré en el brazo para que el veneno que había llegado a la sangre no circulara por el resto del cuerpo porque, de lo contrario, ahí mismo me hubiera muerto.

¿Y quién te enseñó todo eso?

Mi padre. Son las cosas que se aprenden en el campo. Cosas de vida o muerte.

¿Y luego, qué paso?

Salí a la carrera, resbalándome en el fango bajo la tormenta con truenos y rayos. Sentía que me desmayaba y me hundía en la corriente de lodo. Cuando llegué al rancho caí de cabeza como animal herido. Mi mujer y mis hijos me arrastraron hasta el interior del rancho. Me entró una fiebre tan alta que me hacía sudar a borbotones, me hacía delirar y decir locuras. Mi mujer estuvo toda la noche en vela, poniéndome lienzos de agua fría en la frente.

No pudiste ir a trabajar al día siguiente.

Cuando desperté en la madrugada, me costó trabajo levantarme. Me sentía bastante débil. Pero estaba necio por ir a trabajar y le dije a mi mujer que me sirviera el desayuno.

Yo que vos no hubiera ido. No en tales condiciones.

Pero necesitábamos el dinero. Así que después de comer me eché un pedazo de tabaco en la boca y empecé el largo camino hacia la hacienda, valle abajo, alumbrado por los primeros rayos de luz de la madrugada, sin ningún otro deseo que trabajar.

¿Alcanzaste llegar?

Qué va, sólo había caminado unos cinco minutos, cuando caí desmayado en la vereda.

Te quedaste tieso.

Mi mujer ya lo presentía. Pero como buena esposa que es, no quería llevarme la contraria, y me siguió los pasos sin que yo lo notara. Como toda mujer del campo, a pesar de alimentarse solamente de frijoles, tortillas y sal, es fuerte, de carácter y de cuerpo. Me ayudó a levantarme y me llevó casi a rastras al rancho.

Así que te quedaste durmiendo ese día.

¿Y por cuánto tiempo no trabajaste?

Tres días estuve acostado, delirando y teniendo pesadillas a causa de la fiebre. Sin más medicina que las lágrimas y las oraciones de mi mujer y de mis hijos.

¿Tres días?

Sí, tres días que no fui a trabajar y que no gané un peso.

Imagínense. Lo que sufrimos los miserables. Al mundo le valió sombrero que un pobre diablo como Calixto se estuviera muriendo abandonado en un rancho. Lo mismo hubiera sido que muriera, porque como dicen en el país: "Los salvadoreños son baratos y abundan."

(Calixto suspira.)

Mi tierra es un recuerdo difícil. Porque, por un lado, es el triste recuerdo de hambre y miseria, y por otro lado es el bello recuerdo de mi gente y de mis costumbres.

# 19

La noche siguiente reanudaron el viaje sobre el territorio de Guatemala con destino a México.

"Viajaremos de noche para no correr el riesgo de ser detectados," había dicho el cabecilla.

Era una noche cargada de niebla. El autobús marchaba lento, sus potentes luces resultaban insuficientes y rebotaban contra la sólida pared que formaba la neblina gruesa y cerrada, que no permitía distinguir nada en absoluto. El monótono ronroneo del motor era lo único que perturbaba el silencio nocturno de la jungla.

De repente el ambiente se impregnó de intermitentes rayos de luz roja que parecían golpear al bus y a la neblina. El conductor detuvo la marcha. Todo permaneció en silencio y en suspenso como por cinco minutos. Nadie hablaba. Los faroles y el motor del bus encendidos parecían ser las únicas señales de vida.

Hombres encapotados portando ametralladoras comenzaron a aparecer de entre la bruma y rodearon el vehículo. Uno de ellos golpeó la puerta, luego hizo una brusca señal, y gritó:

"¡Todos los hombres abajo!"

Los pasajeros bajaron y, a las órdenes del hombre, alzaron los brazos. Comenzaron entonces a registrarlos. Los encapotados revisaban listas de nombres y fotografías, e intercambiaban palabras y gestos.

Después de inspeccionar minuciosamente a los pasajeros y de comparar sus rostros con las fotografías, lo cual había tomado cerca de media hora, no encontraron al que buscaban y ordenaron regresar al autobús.

Mostraban orden y disciplina. Solamente uno de ellos habló con el guía, a cierta distancia del bus, y éste, al cabo de una corta conversación, le entregó algo, posiblemente dinero, subió y el bus continuó el recorrido.

Esto sucedió dos veces más esa misma madrugada. El guía siempre bajaba, se apartaba con uno de ellos y le entregaba algo, tal vez el pago por el derecho de peaje por aquella carretera neblinosa de la selva guatemalteca.

Finalmente pasaron la frontera y se internaron en territorio mexicano.

A eso de las nueve de la mañana, el bus se detuvo en un pequeño pueblo. Antes de bajar, uno de los dirigentes recomendó:

—Vamos a detenernos en este mercado y aprovechen a comer. Eso sí, recuerden lo que les dijimos, tienen que hablar como mexicanos.

—Cuando hablen no usen el "vos", sino "tú" —agregó el otro—. En vez de decir "Vos lo tenés", deben decir "Tú lo tienes", y no olviden de hablar con el cantadito de los mexicanos.

—Mucho cuidado con lo que digan. Si les preguntan si andan "pisto", digan que no, porque aquí "pisto" no significa dinero, sino beber, andar borracho. Porque si les preguntan "Tienes pisto" y ustedes responden "Sí, aquí está", puede ser que el fulano sea de la Migra y ahí mismo los descubran y los pesquen. ¿Entendido?

—Sííí —respondieron todos.

—Bueno, entonces bajen y coman. Y no se alejen mucho porque pueden perderse y los deja el bus.

Bajaron detrás de los cabecillas quienes, muy seguros de sí, tomaron asiento en las bancas del comedor al aire libre, y ordenaron comida.

—Señora, sírvanos unos taquitos, ¿eh? Y de beber, pos unos cafecitos, ¿eh?

Unos pasajeros tomaron asiento junto a los guías y otros fueron a diferentes partes del mercado.

Calixto y José, Silvia y Elisa, se habían sentado a una mesa y, urgido más por el hambre que por el valor, José pidió tacos y café para los cuatro. Sin poder contener la risa, en voz baja, comentó:

—Esto sí que es chistoso. Nunca imaginé que un día, para comer, tendría que hablar como mexicano.

—No es fácil —dijo Elisa—. Es imposible cambiar de identidad de la noche a la mañana.

71

En la mesa próxima a ellos, José descubrió a una pareja de viajeros y sus dos hijos que se miraban unos a otros, sin atreverse a comprar comida. Fue hacia ellos y les preguntó:

—¿Quieren que les pida unos tacos?

—Sí, por favor —rogó la mujer—. Mire que tenemos mucha hambre, pero como no hablamos mexicano, tenemos miedo que nos descubran.

—No se preocupen.

José indicó a una de las cocineras que les sirviera tacos, refrescos y café, lo cual devoraron en un par de minutos, y luego miraron en dirección de él con gestos de agradecimiento.

—No tengo ni la más mínima idea de dónde estamos —dijo Calixto.

—Sólo los guías saben. Estamos completamente en sus manos.

—Sí, ellos llevan sus rutas. Pero lo importante es que ya estamos en México.

—Sí. Ya llevamos dos días de camino.

—Y esto no es nada. Todavía falta mucho para llegar a la frontera con los Estados Unidos.

Calixto advirtió que uno de los cabecillas subió al autobús, seguido de varios pasajeros.

—Es hora de regresar —comunicó al grupo.

Los cuatro se incorporaron y fueron a abordar el vehículo. Una vez que todos habían subido, el autobús se alejó del mercado para continuar el trayecto por pequeños pueblos, cuyos nombres Calixto y José trataban de pronunciar, sin lograrlo a veces. Esto les servía de cierta distracción, porque esa parte del recorrido por el extenso territorio mexicano fue largo, monótono y cansado.

# 20

La primavera había regresado a Washington. La naturaleza finalmente despertaba del largo letargo de invierno y hacía derroche de su esplendor de flores, colores y pájaros, impregnando el ambiente de un antiguo pero refrescante mensaje de renovación y esperanza. Esa calurosa tarde de mayo, Calixto se encontraba en un pequeño parque situado en la intersección de las calles Mount Pleasant y Lamont. Platicaba con Daniel, uno de tantos compatriotas que había conocido en el barrio, rodeados de otros amigos que con mucho entusiasmo compartían bromas y risas, aprovechando el buen clima y el descanso del duro trabajo. Hablaban de su situación actual, del estado de cosas en su tierra natal, y sobre cualquier tema que se le ocurría al grupo de amigos que cada domingo acostumbraba reunirse en aquel pequeño parque de Adams Morgan, el barrio en que habitaba un crecido número de inmigrantes salvadoreños, los que constituían la mayoría entre la población latina de Washington, D. C.

Una pareja de mujeres policías que rondaba el vecindario se detuvo ante el grupo, y una de ellas les advirtió que estaba prohibido ingerir bebidas alcohólicas en la vía pública. Al notar que nadie parecía prestar atención a la advertencia, gritó:

"¡Es contra la ley beber en público! ¡Retírense a sus casas!"

Calixto, en un inglés mezclado con fuerte dosis de español, trató de explicar a la policía que ellos no molestaban a nadie, que simplemente estaban ahí reunidos para pasar el rato. Otro de los presentes, sin embargo, envalentonado por el calor de las cervezas señaló a la agente.

"¡Andá a joder a tu madre!"

Las agentes no hablaban español y, por lo tanto, no comprendieron el insulto del borracho. Pero una de ellas insistió:

"¡Dejen de beber en la calle, o vamos a tener que arrestarlos!"

La insistencia de la policía despertó la ira de varios hombres. Daniel trató de calmarlos y tuvo la intención de acercarse a las agentes para explicarles la situación, pero al escuchar a sus compañeros gritar con mayor intensidad y vulgaridad, desistió y regresó al grupo. En ese momento, de acuerdo con el informe policial preparado por la Oficina de Información Pública, las agentes "apresaron a dos sujetos por desorden y pidieron refuerzos. Dos agentes del Cuarto Distrito llegaron a asistir en los arrestos."

Daniel reclamó a la policía por la detención de sus amigos, y lo mismo hicieron Calixto y los otros.

Según sus declaraciones a un periódico local, Lidia, madre de siete niños, quien en ese momento regresaba del supermercado, vio a "dos mujeres policías registrando a dos latinos con los brazos en alto cerca de una cabina de teléfono. Después llegó un carro-patrulla y un policía empezó a pegarle a uno de ellos con un garrote."

"Fue en ese momento," atestiguaba el informe policial, "que un tercer individuo dio muestras de mala conducta y se produjo una lucha con el fin de arrestarlo. Mientras un oficial trataba de controlar a éste y esposarlo, fue asaltado por un cuarto sujeto."

"Luego llegó una gran cantidad de carro-patrullas," afirmó Lidia, "y los policías empezaron a golpear como a animales a la gente que se metió a defender al arrestado."

Las agentes entonces procedieron a arrestar a Daniel. Calixto y los otros amigos se enojaron y demandaron a la policía que lo soltaran.

Una botella de cerveza cruzó el aire y pasó rozando la cara de un policía. Daniel trataba de soltarse pero las mujeres lo tenían aferrado de los brazos y una de ellas se preparaba a esposarlo.

Mientras tanto, atraídos por los gritos y los insultos varios vecinos acudieron al lugar del disturbio, y unidos a los otros que con Calixto se reunían en el parque rodearon a las mujeres policías quienes, de repente, comprendieron que la situación se volvía difícil, y que era necesario actuar rápido y retirarse antes de que los ánimos se enardecieran aún más y aquella gente se amotinara.

Entre los vecinos que se habían congregado se encontraba una mujer que conocía a Daniel y gritaba a la policía que lo soltara. Una agente finalmente esposó a Daniel pero éste aún se resistía.

Las policías fueron presas de la confusión y una de ellas, recientemente egresada de la academia, se mostraba bastante nerviosa, dando la impresión de estar a punto de estallar en un ataque de histeria.

El bullicio había aumentado y parecía que los vecinos no permitirían que arrestaran a Daniel. Este, por su parte, aun ya esposado forcejeaba y por fin logró separarse momentáneamente.

"El hombre que estaba parcialmente esposado," constataba el informe, "sacó un cuchillo y amenazó varias veces a una agente."

"En la confusión el muchacho corrió hacia la mujer policía," declaró Lidia. "Yo vi que tenía las dos manos esposadas, pero no me fijé bien si tenía o no un cuchillo."

La policía novata, al advertir que Daniel se introducía las manos a uno de los bolsillos del pantalón, creyó que éste extraía una arma e inmediatamente extrajo el revolver y le disparó a corto alcance.

"La oficial sacó su arma mientras se defendía del atacante," registraba el informe oficial, "y le ordenó varias veces soltar el cuchillo. Cuando el hombre arremetió contra ella se vio forzada a abrir fuego."

"La oficial ordenó que se detuviera," atestiguó Lidia, "y al no obedecerle disparó y el hombre cayó de bruces al suelo."

El fuerte estallido atemorizó al grueso de la gente. El tumulto se dispersó y muchos huyeron. La otra mujer policía pidió una ambulancia por el radio transmisor. A todo esto, sin poder dar crédito a lo que veían sus ojos, Calixto observaba la trágica escena a unos pasos de su amigo cuyo cuerpo yacía inconsciente, sangrando copiosamente, tirado sobre el asfalto caliente de la calle.

"Durante el incidente," documentaba el informe oficial, "uno de los hombres que originalmente estaba arrestado y esposado aprovechó para escapar."

Lidia declaró que "a pesar de que el hombre sangraba, la ambulancia tardó mucho tiempo en llegar."

# 21

—Llegamos a la capital de México —dijo el conductor a uno de los cabecillas—. Hemos hecho un recorrido como de mil quinientos kilómetros.

—Hasta ahora todo nos ha salido más o menos bien —afirmó el guía con alivio.

—Nos tomó veinticuatro horas el viaje entre la frontera de Guatemala y Distrito Federal.

—Bien hecho.

Durante el largo trayecto, el cual aprovecharon para dormir, se habían detenido por corto tiempo en varios puntos para tomar los alimentos y usar los baños.

El autobús se detuvo en la vecindad de la Central Camionera del Norte, y un guía explicó:

—Bueno, estamos en el Distrito Federal, la capital de México. Este ya es otro límite. Aquí comienza lo bueno.

—Sí —dijo el otro—. Porque la Migra mexicana molesta del Distrito hacia el Norte. O sea que, hablando honestamente, de aquí en adelante empieza la explotación y el robo. El peligro de que nos descubran es mayor.

—Si creen que han sufrido en el viaje, eso no es nada. Porque ahora la vida misma está en juego.

—Aquí, el bus se ha detenido a tres cuadras de la estación de buses. En este momento son exactamente las nueve de la noche. Nos vamos a reunir en la estación a las once y media de la noche. El bus que vamos a tomar tiene un rótulo que dice "Ciudad Juárez".

—Nosotros no podemos andar detrás de cada uno de ustedes porque nos van a descubrir. Así que ahora tienen que andar listos. El bus saldrá a las once y media de la noche. Vean qué hacen en estas dos horas y media. Vayan a caminar o a comer algo y no se alejen que se van a perder. Cuidado con tomar licor. No quiero que nadie venga borracho. Tampoco hablen mucho, porque la forma de hablar los va a delatar.

—Cuando llegue la hora busquen el bus. Y suban minutos antes de que se vaya. Porque si lo hacen media hora antes, sube la Migra y los jode. Cuando vean que el bus va a salir, entonces entran.

—Bueno, ahora bajen todos y nos vemos a las once y media.

Los viajeros abandonaron el vehículo y caminaron hacia la estación en pequeños grupos. Cuando Calixto, acompañado de Silvia, Elisa y José entraron en la terminal, la primera imagen que los asaltó fue la de varios mendigos borrachos, descalzos y en andrajos, tirados en las aceras. Una penetrante pestilencia parecía haber impregnado el aire que respiraban. Escucharon un ensordecedor zumbido como si allí estuvieran concentrados todos los mercados del mundo. Ofrecían y vendían de todo. La gente se movía de un lado a otro incansablemente como en todas las estaciones de buses, con la diferencia de que allí la pobreza parecía extrema y desoladora.

Para la mayor parte de aquellos viajeros, llegar a aquella estación significaba tremendo impacto emocional, a pesar de que ya habían experimentado situaciones sumamente difíciles, como la de haber dejado su país. Pero ahora no contaban con otra alternativa que aguantar el tétrico panorama de la terminal de buses, y al mismo tiempo enfrentarse a la agonía que representaba la posibilidad de ser descubiertos. Tenían que mezclarse con el resto de la gente y actuar normalmente para pasar desapercibidos.

El grupo de Calixto había ido a comer a un cafetín y desde el interior, a través de las paredes de vidrio, descubrieron que en una parte de la terminal se había formado cierta conmoción.

—Esos que van ahí quizás son agentes de la Migra —dijo Calixto al ver pasar unos hombres que parecían perseguir a alguien.

—Tal vez descubrieron un grupo de "mojados" —dijo Silvia con cierto nerviosismo.

De repente se oyeron silbidos y gritos. Frente al cafetín pasaron varios hombres y mujeres en carrera desesperada. Los cuatro permanecieron tensos, observándose unos a otros, tratando de ocultar el temor que cubría sus rostros.

—Pobre gente. Tuvieron mala suerte.

—A lo mejor eran nuestros paisanos.

—Posiblemente. Vestían exactamente como nosotros.

Salieron del restaurante y empezaron a caminar por el interior de la estación.

—Pretendamos que somos turistas —dijo José.

—Sí, caminemos tranquilamente —aconsejó Calixto—. Pero muy atentos a lo que sucede en nuestro alrededor.

—Ante todo, hay que buscar el lugar en que espera el bus —dijo Silvia.

—Sí —afirmó Elisa—. Así salimos de eso cuanto antes.

—Muy bien. Eso haremos.

Al cabo de rondar por diferentes lugares, Calixto vio el autobús y, disimuladamente y en voz baja, comunicó a los otros:

—No miren todos a la vez, pero un poco más adelante, a la derecha, está la camioneta con el rótulo de "Ciudad Juárez".

Uno a uno fueron observando y todos concluyeron que ése era el autobús que buscaban.

—Muy bien compadre —dijo José—. En una hora sale.

—Sigamos circulando. No nos quedemos aquí.

Calixto reconoció a tres compañeros de viaje que iban y venían de un lugar a otro como si aún no hubieran localizado el bus. Notó en ellos la desesperación y pensó que tal actitud podía delatarlos a todos y obstaculizar el viaje.

Intentaron acercarse a Calixto y preguntarle, pero éste los ignoró al sospechar que eran vigilados. El grupo de Calixto estaba calculando el tiempo para abordar el autobús. Ante ellos pasaron otros compañeros de viaje que daban la impresión de encontrarse completamente desorientados.

—¡Qué situación tan difícil! —dijo José—. Esa pobre gente anda perdida y nosotros no podemos ayudarlos porque corremos el riesgo de que nos descubran.

—Esto es como el juego del gato y el ratón. La Migra es el gato y nosotros el ratón. Si nos descuidamos nos atrapa y nos come vivos.

—Esa gente que anda perdida puede echar a perder el viaje—se preocupó Elisa—. Quizás es mejor indicarles donde está el bus.

—¿Y si nos descubren a todos? —preguntó Silvia—. Mejor demos otra ronda, tal vez cuando regresemos ya lo hayan encontrado.

Sin que ninguno de los cuatro lo advirtiera, a sus espaldas se habían unido seis viajeros, formando un grupo compacto de diez personas. Esta gente había depositado en José cierta confianza desde que supieron del incidente en la cantina de Tecún Umán. Uno de ellos era un soldado desertor que durante el viaje había mostrado cierto compañerismo con José y Calixto, a quienes relató su escape del ejército, demostrándoles de esa manera que confiaba en su amistad.

El soldado se acercó a José. Silvia y Elisa ya conocían su historia y, llevadas por el temor que éste les infundía, se alejaron unos pasos y se unieron a Calixto. Los dos hombres continuaron caminando al frente del grupo. El soldado se notaba desesperado.

—Los he andado buscando por toda la terminal, pero al fin los encontré. Pensé que quizás tu grupo andaba perdido.

—No, fuimos a comer y después a buscar el bus.

—¿Ya saben dónde está?

—Sí.

—Bien, porque si no lo sabían, yo estoy a la orden para indicarles.

—Gracias.

—De nada —el soldado con cierta satisfacción agregó:— Qué lugar tan tétrico éste.

—Como si aquí terminara el mundo. Y encima de eso hay que estar atento para que la Migra no nos pesque.

El soldado, con tono nervioso:

—Yo en mi país pasé por momentos críticos de vida o muerte, pero nunca estuve en situaciones tan desesperantes como ésta. Yo aprecio mi vida, pero si me agarran aquí, prefiero pelear y que mejor me maten, pero que no me deporten, porque entonces allá sí que voy a comer la viva mierda.

—No te preocupés. No nos desesperemos antes del tiempo, caminemos tranquilos y no nos descubrirán.

—Gracias por tu amistad. No sé por qué, pero nadie de los que van en este maldito viaje me inspira confianza como vos y Calixto.

Los dos se estrecharon fuertemente las manos para reafirmar su amistad, y continuaron caminando. De pronto el soldado descubrió varios compañeros de viaje que buscaban el bus desesperadamente.

—Mirá esa pobre gente, abandonada, perdida. Creo que no saben dónde está la camioneta.

—Ya la van a encontrar. Sigamos nuestra ronda.

Mario Bencastro

Pero el soldado estaba preocupado y, de repente, comprendió que su deber era ayudar a aquella gente, a pesar de que al hacerlo ponía en peligro su propio destino.

—Yo he reprimido muchas veces a gente como ésa. Pero no sé por qué en estos momentos comprendo que no la puedo abandonar.

Luego, impulsado por cierto paternalismo hacia aquellos desgraciados, acaso producto de su sentimiento de superioridad con los que se encontraban en peores circunstancias que la suya, dijo decididamente:

—Si por ayudar a esta gente nos joden a todos, a mí me vale sombrero. Andan perdidos y hay que ayudarlos.

Fue hacia los desorientados. Al pasar cerca de ellos, les pidió un cigarrillo como si no los conociera y, con disimulo, mientras lo encendía, indicó:

—Allá, por aquel lado, está el bus. Síganme.

# 22

JUEZ: ¿Usted es Teresa?

TERESA: Sí.

JUEZ: ¿Habla y entiende español?

TERESA: Sí.

JUEZ: La persona sentada a su lado es la señora Smith. Es abogada. ¿Ella la representará en este caso?

TERESA: Sí.

JUEZ: Que el archivo anote la presencia de la acusada, su abogada la señora Smith, y el representante del gobierno, el señor
fiscal . . . Bien, en este momento, señora Smith, en representación
de la acusada, ¿está usted preparada para admitir entrega de la
Orden de Comparecencia, renunciar al derecho de que le lean las
explicaciones requeridas por regulación, admitir las acusaciones
incluidas en la Orden de Comparecencia, admitir que puede ser
deportada, y negarse a escoger un país para su deportación —yo
designaré El Salvador—, y usted pide anular la deportación bajo las
secciones 208(a), 243(h) y como alternativa 244(e) de la ley?

ABOGADA: Sí, señor juez, todo eso es correcto.

JUEZ: Gracias. Marcaré en el archivo la Orden de Comparecencia
como Prueba Número Uno y admitiré la misma en el archivo. El archivo debe notar en este momento que la solicitud ha sido archivada y
revisada por el Departamento de Estado. La solicitud ha sido admitida de el archivo como Prueba Número Dos. La carta del
Departamento de Estado es Prueba Número Tres . . . Señora Smith,
¿quiere usted interponer una objeción a esa carta?

ABOGADA: Sí señor juez, en este caso, apenas recibí una copia de
la solicitud de asilo el viernes pasado y advertí que la solicitud está
incompleta. Supongo que por las circunstancias bajo las cuales fue
preparada. Para el archivo, quiero señalar que presentaremos evi-
dencias y que ya hemos presentado otras en forma de algunos

81

documentos que apoyan nuestro caso para refutar la opinión del Departamento de Estado.

JUEZ: ¿Entonces, se opone a la carta?

ABOGADA: Me opongo a la carta, señor juez, sólo por la razón de que es una carta de forma, que no trata los hechos específicos del caso de la acusada.

JUEZ: Gracias. Prueba Número Cuatro ha sido entregada por la acusada, la cual es una prueba combinada que empieza con material de la organización Americas Watch. Señor fiscal, ¿tiene objeción a eso?

FISCAL: No, señor juez.

JUEZ: La Número Cinco es una prueba del gobierno que comienza con un artículo sobre salvadoreños deportados reportado por el periódico Arizona Republic, junto con dos cosas más . . . Señora Smith, ¿se opone usted a la admisión en el archivo de esos documentos?

ABOGADA: No, señor juez.

JUEZ: Gracias. Para el archivo, a pesar de la objeción, la Prueba Número Tres será admitida en el archivo como evidencia. Todas las demás pruebas son admitidas también.

JUEZ: En este momento, señora Smith, ¿está lista para proceder con su caso?

ABOGADA: Sí, señor juez.

JUEZ: ¿Llama a testificar primero a la acusada?

ABOGADA: Sí, señor juez.

JUEZ: Teresa, por favor póngase de pie y levante la mano derecha. ¿Jura o afirma solemnemente que el testimonio que está a punto de dar en este procedimiento será la verdad, toda la verdad y nada más que la verdad?

TERESA: Sí, señor.

JUEZ: Gracias, pase por favor, tome asiento. Señora Smith, favor de proceder.

ABOGADA: Gracias, señor juez. Teresa, ¿nos puede decir por favor de dónde es usted, para el archivo?

TERESA: De El Salvador

ABOGADA: ¿De qué parte?

TERESA: Cantón El Jocote, Municipio El Tránsito, San Miguel.

ABOGADA: ¿Y cuándo llegó a los Estados Unidos?

TERESA: El 3 de febrero.
ABOGADA: ¿Y cuándo salió de su país?
TERESA: A principios de enero.
ABOGADA: ¿Por qué salió?
TERESA: Porque mi vida corría peligro.
ABOGADA: ¿Por qué creía que estaba en peligro?
TERESA: Porque dábamos agua a los guerrilleros.
ABOGADA: ¿Alguna otra razón?
TERESA: Porque los militares . . . si los militares se daban cuenta de que dábamos agua a los guerrilleros, nos matarían.
ABOGADA: ¿Con que frecuencia llegaban los guerrilleros a su casa por agua?
TERESA: Cada ocho días.
ABOGADA: ¿Y por qué iban a su casa?
TERESA: Porque nuestra casa era la primera que estaba allí.
ABOGADA: ¿Primera en qué sentido, cerca de dónde?
TERESA: Era un camino cerca de un bosque, cerca de la vereda, así que nuestra casa estaba cerca de allí.
ABOGADA: Ahora, si esto le causó miedo de los militares, ¿por qué no dejó de dar agua a los guerrilleros?
TERESA: No podíamos. Si les negábamos el agua, nos matarían.
ABOGADA: ¿Con quién vivía usted en su país?
TERESA: Con mi abuela.
ABOGADA: ¿Y sus padres, los dos han fallecido?
TERESA: Sí.
ABOGADA: ¿Y tiene esposo?
TERESA: Sí, aunque no somos casados.
ABOGADA: ¿Y cuánto tiempo hace que está con él?
TERESA: Ocho o nueve años.
ABOGADA: ¿Vivía con él también allá?
TERESA: Sí.
ABOGADA: ¿Los guerrilleros también iban a pedir agua a la casa donde vivían usted y su esposo?
TERESA: Sí, porque teníamos una especie de barril afuera y cuando querían agua, nos pedían agua y la sacaban de allí.
ABOGADA: ¿Y esa casa le pertenecía a su esposo?
TERESA: Sí.
ABOGADA: ¿Y su esposo vino con usted?

TERESA: Sí.

ABOGADA: ¿El tuvo algún problema?

TERESA: Sí.

ABOGADA: ¿Qué problema tuvo él?

JUEZ: Señora Smith, ¿cómo viene al caso eso? ¿Va usted a demostrar que ella tiene los mismos problemas del esposo por el hecho de vivir con él?

ABOGADA: Sí, señor juez.

JUEZ: Está bien.

ABOGADA: ¿Qué problemas tuvo su esposo?

TERESA: El estaba prestando servicio militar.

ABOGADA: ¿Puede decirnos aproximadamente las fechas en que prestó servicio militar?

TERESA: A fines de 1981.

ABOGADA: ¿En esa fecha ingresó?

TERESA: Sí.

ABOGADA: ¿Y cuándo terminó el servicio militar?

TERESA: A principios de 1984.

ABOGADA: ¿Por qué dejó el servicio militar?

TERESA: Porque los guerrilleros lo amenazaron con matarlo si no abandonaba el servicio militar. Tenían una lista y fotografías, y le preguntaron si conocía a las personas que estaban en la lista y en las fotografías. El dijo que todos ellos estaban en el servicio militar con él. Le enseñaron una foto de él mismo. Quería negarlo, pero le dijeron que si lo hacía, lo mataban. Le dijeron que abandonara el servicio militar, de lo contrario él y toda su familia serían asesinados.

ABOGADA: ¿Qué respondió él en ese momento?

TERESA: Primero, ellos le dijeron que le daban ocho días para decidir. El respondió que no tenía que esperar ocho días, que iba a obedecer sus órdenes de inmediato.

# 23

*(Cocina. Calixto, Caremacho, Juancho, Cali.)*

Ya se acerca el Día de la madre. Mandaré unos dólares a Lina, para que lo celebre con mis hijos.

Yo también le voy a mandar unos dólares a mi mamá. Para que se compre un regalito.

Lo mismo haré yo. Mi madre se pondrá muy contenta.

(Calixto se emociona.)

Mi mujer se merece un buen regalo. Es buena esposa.

Tienes una gran suerte. Debes cuidarla.

Mi mujercita me ha acompañado en todos los momentos difíciles de mi vida, en las buenas y en las malas, sin rezongar, con paciencia y comprensión.

¿Qué tiempo llevan casados?

Bastantes años. Hasta la cuenta perdí. Creo que quince.

En nuestros países la mujer sufre más que el hombre.

También aquí trabaja fuerte como el hombre. Mi tío vive con su familia en Silver Spring. Su mujer hace limpieza de casas durante el día, y cuando él llega a la casa cansado de trabajar en la construcción, ella le hace su limonada y le soba la espalda. Después hace la comida al mismo tiempo que cuida a los dos hijos para que no hagan mucho ruido porque mi tío descansa media hora y, después de la cena, va a trabajar dos horas en un "part time" de limpiar oficinas.

No hay duda que aquí la mujer a veces labora más duro que el hombre, porque ella hace su trabajo del día y, cuando llega al hogar, tiene que cargar con el cuidado de los hijos, el esposo y la casa.

En mi pueblo las mujeres trabajan como burros de carga, a la par de los hombres. Cortando algodón o café, de sol a sol.

¿Qué quieres decir "de sol a sol" Calixto?

Desde que amanece hasta que anochece.

Encima de eso, les pagan una miseria.

Los capataces y guardias de las fincas abusan de ellas. Las dejan embarazadas y no se hacen cargo de los hijos.

Muchas mujeres son a la vez padre y madre. Porque a veces los hombres sólo pegan los hijos y desaparecen.

Una vez, con mis propios ojos vi cómo una mujer embarazada que vendía tamales, al sentir que ya iba dar a luz, puso el canasto en el suelo, se metió entre unos arbustos y, con la ayuda de otra mujer, allí mismo tuvo la criatura. Al rato, salió con el tierno llorando en sus brazos, recogió el canasto, se lo encasquetó en la cabeza y siguió adelante, gritando que vendía tamales de sal y de azúcar, como si nada hubiera pasado.

Nuestra mujeres son valientes. Son seres muy especiales, ¿no es cierto?

Muy especiales. Por eso en el Día de la madre le voy a hacer un buen regalo a mi mujercita.

¿Y qué le vas a regalar?

Le mandaré unos dólares para que compre lo que ella quiera. Y además, le voy a mandar un vestido.

Este Calixto sí que sabe halagar a las mujeres.

También eso lo aprendí en el campo.

# 24

El panorama en el interior de la estación se presentó a los viajeros verdaderamente deprimente. No parecía existir el día ni la noche. Como si ahí se hubiera suprimido el tiempo, o éste no se midiera por las horas que marcaba el reloj sino por el número de buses que entraban y salían por las avenidas de la terminal, las que semejaban tentáculos de un inmenso pulpo.

Los viajeros que a diario hacían escala en aquel punto en enormes cantidades llevaban idéntica cara de angustia, producto de la preocupación de que en el momento menos pensado podían ser arrestados, lo cual destruiría sus sueños de llegar al Norte, el paraíso que habían imaginado.

Dos horas después de que Calixto y compañía ingresaron en la estación, un grupo de viajeros fue descubierto. Se escucharon nuevamente los alarmantes silbatos acompañados de gritos desesperados. Una conmoción se formó sólo a unos metros de ellos y vieron cómo gran número de mujeres, hombres y niños en carrera loca y desordenada se lanzaron en todas direcciones tratando de escapar, acaso sin saber hacia donde iban, pues lo único que les importaba en tales momentos era evadir a los astutos agentes de Migración. Algunos fueron arrestados, otros lograron escapar y salir de la estación.

Aquel incidente y el deprimente panorama del lugar hicieron que aumentara la tensión del grupo de Calixto. Se alejaron del lugar al advertir que un policía se acercó a un hombre y le pidió sus documentos.

—No eres mexicano —oyeron que dijo el agente—. Estás arrestado.

—Pobre hombre —dijo Calixto al observar que el agente escoltaba al hombre cuyo rostro mostraba la resignación del que ha sido vencido.

—Si paga una buena "mordida" lo sueltan—comentó el soldado.

87

—A ver si no nos agarran a nosotros cuando subamos al bus —dijo José—. Entonces sí que nos arruinan.

—Posiblemente los guías ya pagaron el dinero de rigor. Ellos pagan para que dejen tranquilo a los pasajeros, y para que el bus salga sin problemas.

—Es parte del negocio de ellos.

—Claro. Porque es imposible que no se den cuenta de que tal o cual bus va lleno de "mojados". Aunque lo abordemos un segundo antes de partir.

—Es que de lejos se nota lo que somos. Parecemos un puñado de animales acorralados.

—Cierto. Miren esa gente que anda perdida buscando el bus —el soldado señaló un grupo que iba y venía desesperadamente por la terminal—. El miedo y la confusión se les nota en la cara.

—Yo me vi en un espejo hace unos minutos—dijo Calixto—. Y en mi rostro descubrí el mismo pánico que ahora veo en el de esa gente.

—Por eso mismo tratemos de aparentar normalidad —aconsejó Elisa—. Caminemos y hablemos como si fuéramos viajeros comunes y corrientes.

Continuaron circulando por la estación, conversando y forzando sonrisas, las que más bien eran muecas de temor, pues llegaron a la conclusión de que mantenerse en un solo lugar despertaba más sospechas. Pasaron dos o tres veces ante individuos, posiblemente agentes de Migración, apostados cerca de las ventanillas en que dispensaban los boletos.

—Cuando compren los pasajes —dijo José—, recuerden lo que nos aconsejaron, que no lo hagamos en grupos, sino primero una o dos personas, luego otras dos.

—José y Silvia que vayan ahora —dijo Calixto—. Después Elisa y yo.

La primera pareja se dirigió a la ventanilla tratando de aparentar tranquilidad, después de haber circulado un par de veces y haberse hecho visibles, según ellos para que los agentes pensaran que eran de ahí y vieran que no se escondían.

Exactamente lo mismo hicieron los otros. Y cuando todo el grupo había adquirido los boletos, continuaron circulando.

—No nos alejemos mucho —dijo el soldado—. Sólo faltan quince minutos para subir al bus.

—De suerte que no nos pescaron —comentó José—. Aunque yo creo que los agentes, de todos modos, sabían que éramos "mojados", y sólo Dios sabe por qué no nos capturaron.

—Quizás no tenían intenciones de hacerlo.

—Se dieron el lujo de perdonarnos.

—Sí, porque es obvio que no somos un grupo normal.

—Claro, se nota a primera vista. Igual que ese grupo que está en aquella esquina. Al sólo verlos es obvio que van al Norte con las mismas intenciones que llevamos nosotros.

—Los agentes quizás deciden. Creo que hasta gozan. Piensan: A estos los arrestaremos y a estos no porque más adelante los arrestarán otros.

—Sí. Quizás hasta ya se comunicaron con los que están más adelante para que nos esperen y nos arresten.

La música de innumerables cinqueras formaba una extraña mezcla de palabras y sonidos. Se escuchaban canciones norteñas combinadas con las sureñas, y un confuso mensaje de amor, tristeza, traición y desencanto invadía los rincones de la Central Camionera del Norte.

—Es hora de subir —dijo el soldado—. Las once y media.

—Sí, vamos —convino Silvia—. Ya están subiendo.

El grupo fue hacia el autobús y lo abordó. Tomaron asiento y, tratando de disimular el nerviosismo, esperaron ansiosos el momento en que abandonaría la terminal.

El radioreceptor del motorista cantaba con la voz de Javier Solís:

"Ni marca una ruta, ni lleva camino.
¿A dónde mi nave ha de navegar?
Voy sólo donde me lleva el destino
y será un día mi nave,
será un día mi nave la dueña del mar . . ."

En el negocio del tráfico de indocumentados, la Central Camionera del Norte representaba el ombligo del mundo. Ahí hacían escala todos los que se dirigían a cualquier punto de la frontera de México con los Estados Unidos como Tijuana, Nogales, Ciudad

*Mario Bencastro*

Juárez, Piedras Negras, Nuevo Laredo y Matamoros; con destino a Los Ángeles, Houston, Chicago, Washington y Nueva York.

Las paredes y bancas de la terminal fueron testigos de tanta tristeza, desesperación y temor. Escucharon las innumerables y dramáticas historias del gran éxodo latinoamericano; la circunstancia de millones de seres humanos que huían de la miseria y la violencia de sus países, en busca de la tierra prometida. Cada tripulante dejó una gota de pena grabada en el piso de ese laberinto, como testimonio viviente de la dolorosa odisea hacia las vastas tierras del Norte.

Cuando el bus abandonó la estación, hubo un alivio general, los viajeros cerraron los ojos acaso para dar gracias a Dios y gozar de un regocijo interior. A medida que el vehículo se alejaba sentían como si escaparan de la misma muerte.

En esos momentos Calixto recordó las palabras del cabecilla quien, al inicio del viaje, había dicho con tono enigmático: "Si logramos pasar la Central Camionera del Norte, casi habremos triunfado." Y Calixto pensó: "Sí, ya casi hemos triunfado."

—Bueno —dijo un guía—. Ahora las probabilidades de llegar a la frontera son más factibles.

—Sí —afirmó el otro—. Porque ustedes no se imaginan los miles de viajeros que no lograron llegar a la Central, y muchos otros miles que ni siquiera pasaron la frontera de Guatemala. Por eso es una fortuna haber llegado a este punto.

Escuchaban al guía entre bostezos, cansancio y el sopor que se había apoderado de ellos como producto de las emociones confusas que experimentaban.

El dirigente explicó:

—Existen tres puntos principales en la frontera para pasar al Norte. A la izquierda Tijuana, en el centro El Paso y a la derecha Piedras Negras. Nosotros vamos por el centro. Y nuestro destino es Ciudad Juárez.

Después de una larga jornada, el bus entró en un pueblo pequeño y deshabitado, y se detuvo frente a una casa que parecía abandonada. Se bajaron con los cuerpos entumecidos y aprovecharon la escala para caminar un poco y recobrar la agilidad de las piernas.

—No vamos a poder dormir en este pueblo—dijo un guía—, sólo vamos a detenernos por hora y media para comer.

90

Entraron en la casa y una vieja y una muchacha les sirvieron comida, refrescos y café.

—Después de comer pasen a la letrina y hagan sus necesidades —el cabecilla indicó el lugar de los baños.

Al cabo de hora y media exactamente, subieron al bus y, cuando ya se había puesto en marcha, un dirigente dijo:

—Bueno, ahora nos toca pasar por un lugar jodido.

—Sí. Pasar tres casetas de seguridad con mucha vigilancia.

—Y en cada una de ellas se tiene que pagar "mordida".

—Nosotros estamos gastando mucho dinero.

El ronroneo del motor hacía coro de fondo a las palabras entrecortadas de los dirigentes. De repente uno de ellos se paró agarrándose de las barras de hierro del techo del autobús, meciéndose de un lado a otro como si fuera un mono enjaulado.

—Ahora les voy a explicar cómo están las cuestiones. Vamos a necesitar más dinero porque estamos gastando más de lo acostumbrado en este viaje. Entonces, ya, en este momento necesitamos que cada viajero nos abone otros cien dólares.

Y sin dar más explicaciones, empezaron a colectar el dinero. Usualmente demandaban tres abonos entre San Salvador, Guatemala y México, y el resto antes de cruzar el río Bravo.

Cuando llegaron a la primera caseta el autobús se detuvo, un guía bajó y regresó al cabo de diez minutos. Lo mismo sucedió en la segunda. Pero antes de llegar a la tercera, el hombre dijo:

—Como han podido ver, hemos pasado dos casetas de la policía y en cada una nos dejaron pasar sin problemas. ¿Y saben ustedes por qué? Bueno, porque me bajé y pagué una buena "mordida". Pero en la próxima no hay tales, porque esa sí que es difícil. Y para no correr el riesgo de que nos causen problemas, vamos a tener que bordearla.

—Cuando yo les indique, se van a bajar como a un kilómetro antes de la caseta. Y van a bordear la caseta por el desierto.

—No se dejen ver. Cuando pasen carros, tírense al suelo.

—Sólo se van a quedar diez de ustedes en el bus para que no quede vacío y no despertemos sospechas de la policía.

El autobús se detuvo y un cabecilla escogió a los que debían bajarse. Los dividió en grupos pequeños y les explicó:

—Allá, está la caseta —al tiempo que señalaba la oscuridad—. Ustedes, para que no se pierdan, van a caminar paralelo a la carretera, lejos de ella, en el monte, y van a pasar la caseta.

—Sí —el otro sacó la cabeza por una ventana del bus—. Se van hacia la izquierda, lo más lejos que puedan, sin perder de vista la carretera, de lo contrario se pierden. Esta zona es puro desierto.

—Y se van en grupos. No se vayan todos juntos. Cada cinco minutos sale un grupo. Y cuando vean que pasan los carros agáchense, tírense al suelo o se acurrucan porque, aunque es de noche, el reflejo de las luces de los carros les puede caer y los descubren.

El hombre terminó de explicar, subió y el bus continuó la marcha. Los que se quedaron iniciaron la caminata manteniendo la mirada sobre la carretera, andando a tientas sobre un camino irregular plagado de arbustos espinosos.

# 25

## MUEREN 13 SALVADOREÑOS
## EN EL DESIERTO DE ARIZONA

Ciudad Ajo. Otros 10 cadáveres se encontraron ayer en el desierto al sur de esta ciudad, elevando la cifra a 13 víctimas identificadas como parte de un grupo de 26 que fuera abandonado por traficantes de indocumentados.

Trece de ellos fueron hospitalizados debido a la deshidratación excesiva y permanecen bajo custodia. Se cree que otros 20 planeaban cruzar la frontera en San Luis, al sur de Yuma, pero su paradero es desconocido.

Las autoridades anunciaron ayer por la tarde que detendrían la búsqueda después de dos días intensos, en que contaron con cinco helicópteros, dos aviones de alto vuelo, vehículos de tracción y motocicletas, para rastrear palmo a palmo la región desértica conocida como "Organ Pipe Cactus National Monument".

"Es imposible que aún haya vivos allí, de eso estamos completamente seguros," afirmó el superintendente del sector. Un agente de la patrulla fronteriza corroboró: "Si alguien sobrevivió hasta ayer, seguramente pereció hoy al mediodía."

Los oficiales comentaron que aquel grupo de viajeros había pagado cerca de 20.000 dólares a traficantes para que los llevaran a Los Ángeles.

"Los guías cobraron el dinero y desaparecieron. Siempre hacen lo mismo. Dejan a la gente extraviada en el desierto."

Los muertos y los sobrevivientes fueron encontrados en un espacio de 10 a 20 millas de la frontera. Descubrieron los cadáveres cerca de una línea eléctrica que corre de norte a sur, paralela y justo a una milla al este de la carretera Arizona 85, ruta pavimentada que va del sur de Ciudad Ajo hacia Lukeville.

El agente afirmó que en los últimos tres días la temperatura había oscilado entre 103 y 110 grados fahrenheit. "Pero eso es en la sombra. Y aquí en el desierto no hay ninguna sombra." El superintendente de esta zona desértica, la cual comprende 516 millas cuadradas, afirmó que la temperatura del área sube regularmente hasta los 150 grados.

# Mario Bencastro

"Los ojos de los sobrevivientes ya eran ojos de muertos. Lo único que podían decir era 'agua'. Ya estaban agonizando. Por suerte que contábamos con agua abundante y se la echamos encima para bajar la temperatura de sus cuerpos."

De acuerdo con los oficiales de la oficina del alguacil, la mayoría de los inmigrantes procedía de San Salvador. Proporcionaron el siguiente informe:

Hace cerca de cinco semanas, fueron contactados en su país por un individuo que ofreció arreglar un viaje hacia los Estados Unidos. El costo sería de 1.250 dólares por adulto y 1.000 por niño.

Alrededor de 45 personas, casi todas procedentes de la clase media, estuvieron de acuerdo con la oferta. Días después les informaron que debían reunirse con el motorista que los llevaría a Los Ángeles.

Cuando ya estaban cerca de la frontera, alrededor de 20 pasajeros, en su mayoría niños y mujeres, fueron sacados del autobús y se encaminaron hacia San Luis, al sur de Yuma. Se ignora qué ha sido de ellos.

Después de que el motorista transportó el resto de los pasajeros a un lugar cerca de la frontera, los bajó del bus y dijo que los acompañaría a través del desierto para entrar sin ser detectados por la patrulla fronteriza.

En cierto punto, el motorista se detuvo y dijo que iría a buscar agua, pero nunca regresó.

Los miembros del grupo, quienes no se conocían mutuamente, esperaron un par de horas y decidieron continuar el camino por su parte. Llevaban muy poco alimento y agua, pues les aseguraron que el costo del viaje incluía todo lo necesario.

The Arizona Daily Star
7 de julio de 1980

94

# 26

La noticia del hombre agredido por la policía se propagó inmediatamente, enardeciendo los ánimos de los habitantes y desatando una ola de disturbios sin precedentes en el barrio.

"Varias personas difundieron el falso rumor de que el hombre herido tenía las manos esposadas a la espalda y que luego fue baleado," testificaba el informe de la policía. "Esto causó desórdenes civiles dentro y en los alrededores de Mount Pleasant."

El caos invadió las calles adquiriendo dimensiones violentas, dando como resultado enfrentamientos entre manifestantes indignados y policías dispuestos a establecer el orden.

Esa misma noche, el área de la calle 16 y Lamont, a una cuadra de donde se produjo el balazo que hirió a Daniel, estaba vigilada por cuerpos de seguridad que vanamente trataban de retomar control de la zona.

Los helicópteros volaban sobre el barrio apoyando a las escuadras de policías que disparaban bombas de gas lacrimógeno para ahuyentar a la crecida turba de manifestantes que, en respuesta, lanzaban piedras y botellas, y emprendían carrera loca y desbaratada en busca de refugio.

Los enfrentamientos se concentraron en la calle Mount Pleasant. En una esquina ardía una inmensa fogata que iluminaba el vecindario, y que consumió completamente el restaurante Church's Fried Chicken. Una cuadra arriba, en la esquina de la calle Kenyon, los manifestantes descargaron una lluvia torrencial de proyectiles sobre la tienda 7-Eleven y luego la saquearon.

Varias columnas de policías especializados en contrarrestar motines se lanzaron a dispersar el saqueo, arrestando a todo el que encontraban a su paso. Únicamente de esa manera lograron tomar control temporal del establecimiento.

Mientras tanto, los ocupantes de los apartamentos situados a lo largo de la calle Mount Pleasant, se asomaban por las ventanas para observar aquel espectáculo de destrucción envuelto por nubes de gas lacrimógeno y fuego. Llevados por una extraña actitud festiva hacían sonar música de salsa, merengue, rancheras y boleros. Juan Luis Guerra, con fondo de sirenas de carro-patrullas y gritos de manifestantes, cantaba:

"Me sube la Bilirrubina
cuando te miro y no me miras
y no lo quita la aspirina,
ni un suero con penicilina,
es un amor que contamina,
me sube la Bilirrubina . . ."

Las escuadras de oficiales se unificaron formando filas cerradas y se dispusieron a rastrear la Mount Pleasant, desde la calle Irving hasta la Park Road pero, entre gritos y silbidos, los manifestantes lanzaban lluvias de proyectiles y luego se dispersaban para reaparecer detrás de ellos, sembrando el desconcierto entre los policías, quienes nunca imaginaron que en tan pocas horas aquel tranquilo lugar pudiera convertirse en una zona de guerra.

"Como si estuviéramos en El Salvador," afirmó un vecino. "Esta situación semeja un enfrentamiento de los que se ven muy a menudo allá. Como cuando las fuerzas del gobierno atacan las manifestaciones políticas para dispersarlas, y el pueblo responde con botellas y piedras para defenderse."

En ese momento empezó a descender una leve llovizna, como si la primavera deseara también enfatizar su presencia en aquella noche sin precedentes en la historia del barrio. Un helicóptero volaba proyectando potente luz sobre los amotinados. Un aluvión de botellas y piedras cayó sobre una columna de policías que habían despejado la esquina de Mount Pleasant y Kenyon, desatando otro enfrentamiento acompañado de explosiones y nubes de gas lacrimógeno. Los manifestantes nuevamente corrieron en desbandada en todas direcciones. Un grupo de policías regresó a la tienda 7-Eleven, para entonces saqueada por completo.

La llovizna se convirtió en aguacero, y fue quizás la lluvia la única capaz de detener los sucesos de la trágica noche de aquel domingo violento e inesperado, que dejó como saldo varios heridos, muchos arrestados, e incalculables daños y pérdidas materiales.

# 27

El autobús ocupado por los dos guías, el motorista y diez personas que pagaron un costo adicional por no caminar, reanudó la marcha en aquella noche intensamente oscura coronada por un firmamento cargado de estrellas. Los caminantes mientras tanto, sin guía ni luz, se desplazaban por un sendero desconocido y pedregoso, colmado de espinas y hoyos. Ahora Calixto comprendía por qué los cabecillas insistían que vistieran camisa manga larga para defenderse de las espinas que plagaban caminos como éste, el que tampoco estaba definido por lo que era necesario desplazarse entre arbustos y nopales. Los niños y las mujeres caminaban en silencio a la par de los hombres.

Calixto estaba acostumbrado a caminar a pie largas distancias porque era la única forma de transportación en su pueblo, pero pensaba que caminar agazapado era verdaderamente difícil. Aunque el tráfico por la carretera durante esa noche era escaso, el temor de ser descubiertos les dificultaba el paso.

—No es necesario que se agachen —aconsejó José—. Caminen erguidos y verán que es más cómodo. Está tan oscuro que es imposible que nos descubran.

Pero nadie le hizo caso porque el miedo regía las circunstancias. El grupo de José incluía a Calixto, el soldado, Silvia, Elisa y una mujer a quien acompañaba un hombre de avanzada edad. Habían caminado cerca de hora y media y el cansancio y las espinas los agobiaban. Andaban a ciegas y tropezaban a cada paso. De pronto Elisa se desplomó y lanzó una queja:

—¡No aguanto más, no puedo seguir!

Calixto la ayudó a levantarse.

—Descanse un momento, yo la acompaño.

—No, no creo que pueda seguir. Caí en un hoyo y me doblé un pie.

—Apoyate en mi hombro —ofreció Silvia—. Y así vas a poder caminar aunque sea despacio.

—No, no puedo. Yo me quedo. Sigan ustedes.

El soldado intervino.

—No, qué va, aquí nadie se queda. Camine aunque sea a paso lento. ¿Cómo va a creer que se va a quedar aquí en este desierto?

El intenso dolor doblegó a la muchacha.

—Yo ya no camino más, aquí me quedo.

El grupo que venía atrás los alcanzó y siguió adelante. El soldado se acercó a Elisa, con voz terminante:

—No, no, aquí nadie se queda.

—Pero es que ya no puedo caminar.

—Me va a disculpar si le toco las piernas, pero la voy a subir a mis espaldas.

Acto seguido, el soldado se acercó a la muchacha, cargó con ella y continuaron la marcha. Pasaron la caseta y luego caminaron cerca de un kilómetro adelante para esperar el bus.

Calixto recordó que en su pueblo recorría un kilómetro a pie en quince minutos. Pero calculó que en la oscuridad y en aquel sendero accidentado les había tomado una hora caminar un kilómetro.

Al cabo de tres horas que duró el trayecto terminaron con la ropa desgarrada y los brazos y las piernas con heridas y rasponazos.

El primer grupo calculó que había caminado un kilómetro más allá de la caseta y se detuvo de acuerdo a las instrucciones del cabecilla. A medida que los otros llegaban se unían en la oscuridad a esperar, haciendo comentarios en voz baja. Unos se quejaban y otros reían nerviosamente.

Se habían detenido cerca de la carretera, y al no encontrar el autobús que supuestamente los estaría esperando empezaron a preguntarse qué habría pasado.

—¿Qué hacemos ahora? —murmuró alguien.

Un hombre obeso y de baja estatura quien, acaso movido por la desesperación y la incertidumbre del viaje, había confiado al soldado su secreto de haber sido informador de una facción de los escuadrones de la muerte, resultó ser el más temeroso.

—¡Aquí sí que nos van a capturar!

Varios ordenaron que guardara silencio. Así transcurrieron cerca de diez minutos, los que parecieron horas a los atribulados caminantes.

Silvia advirtió que la noche era tan oscura que en el cielo se veían claramente las constelaciones. El brillo de las estrellas era intenso y parecían estar muy próximas a la tierra. A lo lejos apareció una luz. Inmediatamente los caminantes se agacharon. Algunos corrieron con la intención de esconderse pero regresaron al advertir que el lugar era plano y desierto. La luz avanzaba hacia ellos y de repente se detuvo y se apagó. Todo el mundo permaneció quieto, tenso. El informador intentó huir.

—De seguro es la policía que nos ha detectado y viene a arrestarnos.

—¡Silencio! —pidió la voz de una mujer.

Un grupo corrió en desbandada. Otros tuvieron la intención de seguirlos pero la indecisión los paralizó.

—Calma, por favor —dijo alguien—. No griten ni se muevan. No tengan miedo que ya va a venir el bus.

El informador era presa del miedo.

—Es la policía. Yo me voy a entregar. A mí no me van a hacer nada porque yo tengo mis papeles en regla.

—¡Es la Migra!

Aquella afirmación hizo que otro grupo huyera.

—Siéntense, por favor —pidió una señora—. Tranquilícense, que todo va a salir bien.

El informador insistía:

—No, yo aquí tengo mis documentos, me voy a entregar.

Uno de los viajeros descubrió algo que salió del punto en que la luz se había apagado y avanzaba hacia ellos.

—Como que alguien viene.

Guardaron completo silencio. Cuando el sujeto estuvo cerca descubrieron que se trataba del guía lisiado, cuyo brazo enyesado relumbraba en la oscuridad. Cuando llegó hasta ellos, preguntó:

—¿Cómo estuvo la caminata?

Nadie contestó. Segundos después alguien dijo:

—Unos se han corrido.

El hombre explicó:

—Los muy cabrones nos hicieron esperar media hora en la caseta. Después, en la carretera, nos detuvo una patrulla creyendo que éramos traficantes de drogas. Nos detuvieron como hora y media y no nos dejaron ir hasta que registraron el bus por dentro y por fuera. Se oyeron murmullos a cierta distancia del grupo, y cuando se comunicaban unos a otros que se trataba del guía, lo hacían en voz alta.

—No hablen muy fuerte —dijo el cabecilla.

Los que se habían corrido no aparecían y varios hombres fueron a buscarlos.

El bus llegó lentamente, se detuvo frente al grupo y lo abordaron. Pasaron revisión y contaron los pasajeros para asegurarse de que nadie se había perdido. El vehículo reanudó la marcha. Minutos después habló el dirigente:

—Sé que muchos llevan la ropa llena de espinas, pero les aconsejo que no se froten porque es peor y se incrustan en la piel. Entonces sí que se los lleva el diablo, porque son tan finas que permanecen en la piel por varios meses por mucho que se rasquen. Uno siente como si miles de pequeños animales se lo estuvieran comiendo vivo. Es un sufrimiento que no se lo deseo ni al peor enemigo.

—No se preocupen —dijo el lugarteniente—. En la próxima parada se bañan y limpian la ropa.

—Bueno. Se salvó el viaje. Hemos pasado todas las casetas. De aquí en adelante vamos a descansar, a comer y a bañarnos.

—Y vamos para Ciudad Juárez —afirmó el otro con cierto entusiasmo—. Todo ha salido a pedir de boca.

Los pasajeros entonces recobraron el ánimo. Hubo sonrisas y hasta bromas.

—¡Vos te corriste!

—¡Vos te caíste!

—Este ya se estaba cagando en los pantalones creyendo que era la Migra.

—Yo creo que definitivamente se cagó. ¡Porque apesta a pura mierda!

De inmediato se escucharon risas y carcajadas.

Desde ese momento el ambiente se sintió menos tenso. Los viajeros recobraron la esperanza de que pronto llegarían a su destino. Iban sumamente cansados pero nadie quería dormir porque deseaban compartir las experiencias que habían vivido durante aquel tramo de la odisea.

Elisa agradeció al soldado por no haberla abandonado.

—Dios se lo va a pagar. Si usted no me hubiera ayudado posiblemente en estos momentos estaría perdida quién sabe dónde.

—No se preocupe, no fue nada.

A instancias de varias personas el soldado se vio obligado a relatar lo sucedido, lo cual le granjeó el respeto y la admiración de todos. Una mujer que viajaba con dos muchachos le preguntó si él creía que iban a llegar al otro lado de la frontera como se lo proponían.

—No se preocupe señora. Ya verá que pronto estaremos en el Norte.

La mujer pareció quedar satisfecha con las palabras del soldado. Otro afirmó:

—Sí, seguro que vamos a llegar, porque él lo dice.

—¿Viste cómo se corrió aquél? —dijo alguien en tono jocoso.

—¡Salió disparado como alma que llevaba el diablo!

—Es que creyó que era la Migra.

Contábanse chistes mientras trataban de sacarse las espinas de la piel y de la ropa, pero eran demasiadas y tuvieron que aguantarlas durante el largo trayecto cuya distancia ignoraban. Solamente los cabecillas y el conductor sabían que estaban a doce horas de Ciudad Juárez.

A Calixto le pareció que ésta era la primera ocasión en la travesía que los viajeros sonreían, lo cual le llenó de entusiasmo y renovó sus esperanzas. Habían pasado la gran prueba y atravesado uno de los mayores obstáculos del viaje.

—De Ciudad Juárez a la frontera hay sólo unos kilómetros —explicó el cabecilla—. Por esa razón, el que llega a Ciudad Juárez tiene casi asegurado el pase al otro lado.

—Aunque también ahí anda la Migra rastreando los hoteles —dijo el otro—. Y se corre peligro de ser arrestado como ha sucedido a muchos. Pero aún así, llegar a esa ciudad es una victoria.

—Cierto. Pasar del Distrito Federal para arriba, representa una gran hazaña. Y ustedes lo han logrado.

Aquellas palabras avivaron aún más la emoción de los pasajeros, quienes al escucharlas sintieron la cercanía de la frontera.

—A mí me han agarrado dos veces —comentó alguien—. Y éste es mi último intento, porque sé muy bien que nunca más podré reunir el dinero para otro viaje. Me han arrestado en México, me han deportado y dos veces me he regresado. La tercera es la vencida.

# 28

ABOGADA: ¿Y su esposo, en realidad, abandonó el servicio militar?

TERESA: Sí.

ABOGADA: ¿Hubo otra ocasión en que se encontró con los guerrilleros?

TERESA: Sí. El estaba en el velorio de un amigo y cuando salía rumbo a casa, lo detuvieron cerca de un cerco. Le dijeron que pusiera las manos arriba y que qué estaba pensando. Le preguntaron que si estaba seguro que iba a abandonar el servicio militar y él dijo que sí, que estaba seguro. De lo contrario, sabés, le dijeron, tu familia correrá peligro.

ABOGADA: ¿Volvió su esposo al servicio militar después de eso?

TERESA: No.

ABOGADA: ¿Su esposo había recibido algún entrenamiento especial cuando estaba en el servicio militar?

TERESA: Sí.

ABOGADA: ¿Cuál?

TERESA: Recibía entrenamiento aquí.

JUEZ: Perdón, no entendí.

ABOGADA: El esposo recibía entrenamiento militar en los Estados Unidos.

JUEZ: Bien.

ABOGADA: ¿A qué batallón pertenecía?

TERESA: No recuerdo el nombre.

ABOGADA: ¿Y cuál era la especialidad de su esposo? ¿Qué trabajo hacía él por lo general en el ejército?

TERESA: Era parte de un batallón especial.

JUEZ: ¿Los habían escogido para pelear?

TERESA: Sí, para pelear contra la guerrilla. Era miembro de uno de los batallones que fueron entrenados aquí.

ABOGADA: ¿Y qué reputación tenía su esposo en el ejército?

FISCAL: Señor juez, no entiendo cómo estas preguntas vienen al caso . . . las preguntas acerca de los encuentros del esposo con los guerrilleros.

JUEZ: Hay un hilo, y es todo lo que veo yo. Es como si los guerrilleros hubieran dicho "si no te unes a nosotros, te mataremos a ti y a toda tu familia". Ahora, eso es todo lo que hemos sacado en limpio de diez minutos de preguntas. Así que, a menos que la reputación del esposo pueda iluminar la situación de ella en su país, yo quisiera seguir adelante.

ABOGADA: La razón por la cual pregunto sobre esto, señor juez, es porque siento que corrobora por qué tenían tanto interés en él y por qué insistían tanto en que él saliera del servicio militar o lo matarían a él y a toda su familia.

FISCAL: Pero sí salió . . .

JUEZ: Correcto. El punto es que sí salió, así que vamos a seguir adelante a partir de entonces. En otras palabras, tenemos el mensaje de ellos. ¿En dónde está la evidencia ahora? En que el esposo recibió el mensaje y salió. No necesitó ocho días; salió . . . Bien, señora Smith, continúe.

ABOGADA: Teresa, ¿su esposo avisó al ejército que se iba?

TERESA: No.

ABOGADA: ¿Lo buscaron después de que se ausentó?

TERESA: Sí, lo buscaron una o dos veces pero ya que nos habíamos mudado de donde vivíamos antes . . .

ABOGADA: ¿Adónde se mudaron?

TERESA: A otro pueblo.

ABOGADA: ¿Cómo se llama el pueblo?

TERESA: San Miguel.

ABOGADA: ¿Sentía usted que podía seguir viviendo allí sin problemas?

TERESA: No.

ABOGADA: ¿Por qué no?

TERESA: Porque estábamos en medio de los militares.

ABOGADA: ¿Y por qué era peligroso para ustedes eso?

TERESA: Porque tarde o temprano, los guerrilleros o los militares identificarían a mi esposo, pues ambos bandos lo buscaban.

ABOGADA: ¿Qué creía su esposo que pasaría si los militares lo encontraban?

*Mario Bencastro*

TERESA: Según la ley, sería detenido y encarcelado por cinco años, pero él decía que muchas veces mataban a los desertores.

JUEZ: Bien, un momento. Señora Smith, no sé si estamos viendo hoy el caso de ella o el de su esposo, pero estamos muy lejos del punto central. Me gustaría saber por qué ella tiene miedo de ser perseguida en El Salvador, y todavía no encuentro la razón. Después de quince minutos de preguntas no hay nada más que el hecho de que los guerrilleros una vez amenazaron que si él no salía del ejército, sería asesinado. El sabía que iría a prisión y todo lo demás pero . . . esta audiencia no trata sobre el caso de él sino sobre el caso de ella.

ABOGADA: Sí, señor juez, eso es verdad. ¿Puedo ofrecerle una alternativa de prueba?

JUEZ: Por favor.

ABOGADA: Las dos bases principales del caso de ella son la ayuda proveída a los guerrilleros y esencialmente el caso de su esposo. Y hasta el punto de que sí la afecte a ella, nos gustaría poder presentar pruebas sobre eso. La preocupación de su esposo en cuanto al servicio militar, ya que aparentemente él era muy estimado y muy hábil cuando estaba en el ejército, es que iban a seguir interesados en él y que si lo encontraban otra vez, su preocupación es que los guerrilleros creerían que él se había entregado voluntariamente a los militares y que entonces los guerrilleros tomarían represalias en contra de Teresa.

JUEZ: ¿Sucedió algo así?

ABOGADA: No, el esposo se fue . . .

JUEZ: Quiero decir, a ella . . .

ABOGADA: No.

JUEZ: Entonces estamos hablando de su miedo y sus especulaciones sobre un evento que puede o no haber ocurrido. Por lo que entiendo, ese evento no ocurrió.

ABOGADA: Correcto. Estamos tratando sobre su miedo de regresar a su país.

JUEZ: Es su miedo. Miedo subjetivo. Usted sabe, su miedo subjetivo no tiene nada que ver, a menos que pueda demostrar que ella tenía hechos objetivos para articular el miedo subjetivo . . .

ABOGADA: Correcto. Es verdad que hasta ese punto es el caso de él y los hechos objetivos son la amenaza de que matarían a su familia, y de esa manera afecta a Teresa.

JUEZ: Bien, permitiré que ofrezca pruebas del hecho que los militares o los guerrilleros iban a matar a su familia, o ni siquiera matar a su familia, que iban a hacerle daño a ella como miembro de esa familia. Si puede demostrar eso, bien; pero si no, voy a tener que prohibir toda esa línea de preguntas.

# 29

*(Un concurrido restaurante. Calixto, Juancho y Caremacho, entre otros temas abordan el del Día de la Independencia.)*

Hablando del Día de la Independencia, nunca ha estado para mí bien claro el motivo de la celebración.

Yo recuerdo el 15 de septiembre porque, para ese día, en la escuela repartían dulces después de que cantábamos el Himno Nacional.

Yo recuerdo que una vez en la escuela nos hicieron desfilar. Los soldados del cuartel nos prepararon, nos enseñaron el "paso de ganso".

¿Y eso qué es?

Una manera de marchar en que se dan pasos con las piernas estiradas. Me dijeron que para ese día no llegara descalzo porque era una deshonra para la patria desfilar descalzo en ese día sagrado.

Entonces no pudiste desfilar, Calixto.

Nadie podía faltar y mi papá tuvo que hacer un préstamo para comprarme un par de zapatones que parecían tanques, y calcetines que me llegaban hasta la rodilla.

Ibas bien elegante estrenando zapatos.

Fue la primera vez que me puse calzado.

¿Y dónde fue el desfile? ¿En la escuela?

No, en la calle principal del pueblo. Una calle polvorienta y llena de hoyos. Desfilamos bajo el fuerte sol del mediodía.

Sudaron.

Yo me desmayé.

Por el fuerte sol, quizás.

A saber qué me hizo daño. Pero recuerdo que me agarró un fuerte dolor de estómago, quizás porque esa mañana no me cayeron bien los frijoles. Los zapatos me hicieron ampollas porque me quedaban bailando. Los calcetines se rompieron.

Ese fue tu primer desfile.

Primero y último. Porque el año siguiente ya no lo hicieron.

¿Y eso por qué?

Porque demasiados estudiantes se habían desmayado el año anterior. Por lo que el director de la escuela decía que éramos flojos, y no merecíamos desfilar en el día de la patria.

¿Y por qué se desmayaban?

Un maestro de la escuela decía que nos desmayábamos porque estábamos desnutridos, y que en vez de ponernos a desfilar bajo el sol, que la escuela nos debería ayudar a alimentarnos mejor y que al menos nos dieran un vaso de leche al día. El director no estuvo de acuerdo con el maestro y lo despidió, y nadie más dijo nada. Y eso es lo que se me viene a la cabeza cuando oigo hablar del Día de la Independencia.

Yo recuerdo que en la escuela nos enseñaban la historia de la independencia. También las palabras del Escudo Nacional "Dios, Unión y Libertad". Pero la verdad es que no entiendo el significado.

(Una mesera se acerca. Caremacho la mira curiosamente.)

Sírvamos más pupusas y cervezas, por favor.

Bien. Regreso en unos minutos.

(La mesera se retira. Caremacho no aparta la vista de ella.)

Está bonita . . . Pues tampoco yo entiendo mucho de las fechas patrias.

En la capital está la Avenida Independencia. Y ahí abundan las mujeres de la vida alegre.

Pero yo no creo que el Día de la Independencia sea para celebrar a esas mujeres.

No, hombre. El 15 de septiembre es el día en que nuestro país se independizó de Alemania.

No, hombre, ustedes no saben nada de historia. Fue el 15 de septiembre de 1821 cuando nos independizamos de España. Me imagino que tampoco saben quiénes son los próceres de la patria.

Yo recuerdo que en la escuela nos hablaban de Matías Delgado, un curita gordo y narigón.

José Simeón Cañas fue el libertador de los esclavos. ¿No es cierto?

Así es. Y el prócer Santiago José Celis murió en una cárcel de Ahuachapán.

*Mario Bencastro*

¿Por qué?

De eso no me acuerdo. Pero otro prócer que se llamaba Pedro Pablo Castillo, quien no estaba de acuerdo con los otros próceres, fue desterrado y murió en Jamaica.

A mí el Día de la Independencia me trae a la memoria un montón de ideas confusas. Y quisiera comprender el verdadero motivo de la celebración.

(Caremacho observa a un hombre.)

Miren ése. Ya se le subieron las cervezas.

(Todas las miradas se vuelcan sobre un individuo que con paso tambaleante se acerca a la cinquera, la cual tiene la particularidad de contener canciones típicas de El Salvador como "El Carbonero", "Acajutla", "Un rancho y un lucero" y otras, incluso el Himno Nacional. El hombre marca el Himno Nacional y al escuchar la música de introducción empieza a llorar, al tiempo que lucha por no caer al suelo y mantenerse firme en posición de saludo militar. Conmovidos por su actitud y por las familiares estrofas, otros se ponen de pie y, con tono destemplado pero con gran respeto y entusiasmo, entre ruidosos hipos y estornudos, corean las pocas palabras que recuerdan.)

"Saludemos la Patria orgullosos
de hijos suyos podernos llamar,
y juremos la vida animosos
sin descanso a su bien consagrar."

# 30

Se alojaron en un viejo hotel situado en las afueras de Ciudad Juárez. Un guía explicó:

—Ustedes se quedan aquí, no salgan porque andan rastreando todas las calles de esta zona. Pronto volveremos con la comida.

—Tenemos que ir a arreglar el paso al otro lado de la frontera —agregó el enyesado.

Transcurrieron dos días y los hombres no regresaban, dos largos días en que los viajeros permanecieron internados en los cuartos oscuros de aquel derruido hotel, sin ingerir alimentos. El tercer día, agobiado por el hambre, el soldado abandonó su cuarto y fue a tocar la puerta de la pieza en que se alojaban Silvia, Elisa, Calixto y José. Calixto entreabrió la puerta.

—Compadre esto está jodido, estamos aguantando hambre y estos cabrones nunca regresan. Vamos a comprar comida.

—Bueno, vamos —dijo Calixto—. Por mí no hay problema.

Acordaron primero rondar por el vecindario para familiarizarse con el lugar, y luego comprar únicamente lo necesario para no traer carga excesiva y despertar sospechas.

Entraron a un supermercado surtido y moderno. Regresaron al hotel sin problemas y repartieron la comida entre los miembros del grupo. El alimento no les sació el hambre completamente pero fue suficiente para hacerles recuperar energías vitales.

Todos agradecieron al soldado y a Calixto por haberse arriesgado a ser arrestados, o a perderse en un pueblo desconocido, para traerles comida.

Al día siguiente, cuatro días después de haberse ausentado, aparecieron los guías. Al notar que habían consumido alimentos, no pudieron ocultar su sorpresa.

—¿Y quién les dio de comer?

El soldado contestó enfurecido:

—Bueno, hijo de puta, ¿y vos creés que yo voy a aguantar hambre esperándolos a ustedes? No jodás, si tu trabajo es ése. Dijeron que iban a traer comida y no aparecieron en tres días. ¿Qué mierdas son ésas? A ustedes no les importa que la gente se muera de hambre.

El reclamo fue apoyado por otros viajeros que, influenciados por el enojo del soldado, también expresaron sus propias quejas.

—Bueno, bueno, no se enojen. Es que tuvimos serios problemas, pero aquí estamos.

—No se preocupen. Ya vuelvo con la comida.

Uno de ellos salió del hotel, y regresó media hora después con abundante alimento y lo distribuyó. Cuando terminaron de comer y parecía que los ánimos del grupo se habían calmado, el cabecilla pasó por los cuartos.

—Esta noche cruzaremos la frontera. Prepárense.

Llegó la noche y cada uno de los integrantes del grupo estaba listo para salir, pero el del brazo enyesado anunció:

—Tenemos problemas. No podemos cruzar esta noche.

—Hay que esperar unos días más. Porque nos acaban de comunicar que hay mucha vigilancia en la línea fronteriza. Es preferible esperar y no arriesgarse.

—Y que nadie se aventure a salir a la calle. Porque han intensificado la búsqueda de indocumentados.

La tensión volvió a apoderarse de los viajeros a causa del prolongado enclaustramiento, el hambre, la desesperación y por las terribles historias que algunos relataban.

—Yo he intentado cruzar la frontera varias veces y he tenido la mala suerte de que siempre me han capturado y deportado.

—A mí también me capturaron y pasé ocho meses detenido en una prisión mexicana porque no podía conseguir el dinero para que me dejaran salir.

Así pasaron varios días encerrados en el hotel. Cada día los coyotes daban una explicación diferente.

—Los contactos al otro lado de la frontera no están listos todavía.

Otro día:

—Hoy no es una noche propicia porque el punto de la frontera que vamos a cruzar está vigilado.

Y al día siguiente:

—Los familiares de algunos de ustedes todavía no han depositado el dinero con nuestros contactos en los Estados Unidos.

El soldado no confiaba en ellos y, al sexto día de espera, comentó:

—Estos cabrones no nos pasan porque todas las noches salen a divertirse en los bares y prostíbulos, gozando de la vida nocturna de Ciudad Juárez.

Siete días después de haber llegado a Ciudad Juárez, un guía afirmó:

—Nos acaban de comunicar que los familiares y amigos de todos ustedes han pagado finalmente la otra mitad del costo del viaje a nuestros contactos.

—Todo está listo —confirmó el otro—. Hoy en la noche, por seguro, cruzamos la frontera.

Un inusitado entusiasmo invadió a los viajeros, y muchos de ellos, incapaces de contener la emoción, caminaban nerviosamente por los estrechos pasillos del hotel.

Los miembros del grupo del soldado, sin embargo, permanecían recostados en las pequeñas camas que escasamente cabían en la reducida pieza semioscura.

Uno de ellos era el informador, hombre asustadizo y desconfiado que se mantenía atento al más mínimo ruido en el hotel, al punto que por las noches le era imposible conciliar el sueño, como si un profundo remordimiento no lo dejara dormir. Sus ojos estaban ensombrecidos por oscuras y anchas ojeras.

El otro miembro era un hombre taciturno y hermético, quien no había dicho una palabra en todo el viaje, como si fuera portador de un secreto de estado y temiera revelarlo con sólo abrir la boca.

El tercero era un joven a quien simplemente llamaban Santaneco. Contrario a los demás, éste era excesivamente comunicativo, y al soldado le parecía que hablaba hasta por los codos.

—Dicen que aquí en Ciudad Juárez hay muchas casas de juego —dijo Santaneco.

—Yo no sé —dijo el soldado—. No conozco nada de esta ciudad. Es la primera vez que paso por aquí.

—En el viaje pasado, mientras esperábamos para cruzar la frontera así como lo hacemos ahora, uno de los viajeros decidió salir a dar una vuelta por la ciudad.

—Eso es muy peligroso —dijo el informador.

—Eso mismo le dijimos —aclaró Santaneco—. Pero igual el hombre se fue a los casinos a jugar lo poco que tenía.

—Seguramente lo perdió todo.

—Todo lo contrario. Volvió al hotel contentísimo porque había ganado una pequeña fortuna. Y ahí mismo decidió regresar a su tierra y con ese dinero poner un negocio, pues ya había encontrado lo que iba a buscar al Norte sin tener que cruzar la frontera.

—Qué suerte.

—Yo, por mi parte, seguí adelante sólo para que me arrestaran. Como dice el dicho: "Unos nacen con estrella y otros estrellados". Cuando me deportaron fui a visitarlo. Realmente había prosperado. Y como nos habíamos hecho buenos amigos y yo le recordaba su buena fortuna, me prestó el dinero para este viaje.

—Cuando yo estaba en el cuartel, supe de un hombre que también se regresó de la frontera.

—¿Hizo plata en los casinos?

—Ese no fue a las casas de juego sino a los burdeles. Y lo que cachó fue una infección. Se enfermó tanto y tan rápido que ya no pudo continuar el viaje y se vio obligado a regresar al país. Y allá lo internaron de emergencia en el hospital. Meses después descubrieron que estaba infectado del SIDA.

—Aquí en la frontera uno puede encontrar fortuna y también muerte.

En ese momento Santaneco se levantó y salió, diciendo que iba al baño. El informador dijo que lo acompañaría. El soldado y el hombre misterioso quedaron a solas.

—Y vos, ¿tenés familia en el Norte? —le preguntó el soldado con cierta indiferencia, presintiendo que no recibiría respuesta.

Pero, acaso agobiado por la soledad que a todos hacía hablar tarde o temprano, para su sorpresa, el tipo respondió:

—Yo no tengo a nadie.

—Y entonces, ¿a dónde vas?

—Es que no voy con el fin de quedarme a trabajar como todos ustedes.

—No puedo creer que te sometás a este difícil viaje por una razón que no sea buscar una vida mejor.

—Es que yo voy a otra cosa.

—¿A qué?

El hombre dudó por un instante.

—A vengar la muerte de un familiar.

—¿Cómo?

—A buscar al que asesinó a mi hermano.

—¡Puta! Esas son palabras mayores.

—Así es. Unos van al Norte en busca de la vida. Yo voy en busca de la muerte. Y el que se me ponga por delante me lo llevo de encuentro.

—Caramba, amigo. No deseo estar en el lugar del fulano que usted busca, ni siquiera en sueños.

El soldado no alcanzaba dar crédito a las palabras del hombre, pero tampoco quiso contradecirlo.

—Mire, amigo, su vida es su vida, y sólo usted es responsable de ella y de sus propios actos. Yo, por mi parte, lo único que quiero es cruzar esa maldita frontera y empezar una vida nueva. El resto no me interesa.

El hombre, sin inmutarse, comentó enigmáticamente:

—Como dice la canción: "Cada quien su vida, cada quien su cruz."

# 31

## SOBREVIVIENTES TORTURADOS POR LA SED

Los sobrevivientes del grupo de indocumentados abandonado en el desierto de Arizona al sur de Ciudad Ajo se vieron forzados por la sed a beber sus propios orines, loción de afeitar y desodorantes, y sufrieron heridas de todas y cada una de las especies de cactos del desierto.

"Se habían despojado de la ropa al sentirse atormentados por el candente calor del desierto," afirmó el doctor del hospital Nueva Cornelia, a donde las autoridades los transportaron.

Tenían espinas incrustadas en los pies, la espalda, las piernas, los muslos y el rostro. Por todas las partes del cuerpo que se puedan imaginar.

Sólo hubo tiempo de hacerles un examen breve porque el problema inmediato era la deshidratación. "Algunos de ellos se las ingeniaron para ingerir el líquido de cactos. Esos fueron los inteligentes," aseguró el doctor, quien recetó que les inyectaran glucosa y toda clase de líquidos rehidratantes.

Cinco sobrevivientes fueron dados de alta ayer temprano, pero tres mujeres se mantuvieron bajo cuidado intensivo. "Todas están en condición delicada, pero estoy seguro de que sobrevivirán," pronosticó el doctor.

"Deben tomarse medidas urgentes para evitar que esta pobre gente trate de cruzar el desierto, sobre todo durante el verano y sin provisiones de agua. Está comprobado que ésta no es cualquier gente, sino personas con ciertas comodidades, de la clase media," afirmó el médico. "Traían con ellos dinero mexicano y norteamericano".

Una de las mujeres confesó que no podía regresar a su tierra natal "porque su vida corría peligro," quien asimismo reveló que habían deambulado por el desierto tres o cuatro días.

*The Arizona Eye*
8 de julio de 1980

# 32

La noche del lunes la calle Mount Pleasant volvió a convertirse en el centro de atención y violencia en Washington, y en noticia internacional, por tratarse de un inesperado suceso que tomó por asalto a la misma capital de los Estados Unidos. Las imágenes del saqueo y el incendio del restaurante Church's Fried Chicken la noche anterior aún ocupaban la memoria de los sorprendidos habitantes. Los amotinados habían destrozado las instalaciones por completo y robado el pollo, tanto el frito como el crudo.

En las primeras horas de la noche algunas personas trataron de apaciguar la situación y se ofrecieron a interceder entre la policía y los manifestantes, pero quedó demostrado que nada ni nadie podría contener la ola de disturbios que esa noche estaba reservada para el barrio Adams Morgan.

Para entonces, en la calle se destacaban los restos de un autobús que pasajeros y motorista habían abandonado presas del terror cuando una turba lo detuvo y descargó su furia rompiendo las ventanas del vehículo.

Los enfrentamientos se iniciaron cuando varias botellas fueron lanzadas en dirección del cordón de policías, de donde respondieron con bombas de gas lacrimógeno. Las densas nubes de humo hicieron huir a los manifestantes en carrera loca y desesperada.

En ese momento la violencia se instaló de nuevo en el vecindario, el que fue de pronto invadido por pandillas de muchachos de origen latino secundados por otros de raza negra, desatando una ola de vandalismo y saqueo sobre la mayoría de negocios de las calles Mount Pleasant y Columbia Road.

El terror alcanzó el clímax y el lugar mostraba un increíble panorama de destrucción. La muchedumbre ciega y violenta continuaba incendiando y robando todo establecimiento que encontraba a su paso. La farmacia Embassy Drugs fue víctima de numerosos asaltos. Los amotinados armaban barreras en la calle y luego les prendían

Los amotinados armaban barreras en la calle y luego les prendían fuego. Aparecían columnas de policías lanzando granadas de gas para dispersarlos, pero cuando se alejaban a atender otros sectores con problemas las pandillas regresaban.

Un carro-patrulla intentó cruzar una barrera pero el estallido de una explosión seguida de un fuego violento se lo impidió. El policía abandonó el automóvil, pistola en mano, y en ese momento una botella lo golpeó en la cabeza con tal impacto que cayó en el suelo, y sólo tuvo fuerzas para pedir protección urgente por el radio transmisor.

Un negocio de lavandería sufrió la mayor destrucción. Una pandilla destrozó las ventanas y luego lo incendió. Inmensas llamas arrasaron el lugar, las que sólo fue posible extinguir con el agua propulsada por cinco unidades del cuerpo de bomberos.

A la media noche el barrio presentaba otra vez el aspecto tétrico y desolado propio de un campo de batalla. Las calles plagadas de vehículos quemados, comercios destrozados, barreras de fuego y un intenso hedor a gas lacrimógeno.

Paulatinamente las autoridades fueron retomando control de la zona, no por la fuerza ni por la destreza de la policía sino porque, aparentemente, los amotinados habían saciado su sed de violencia y abandonaron el barrio.

El toque de queda entró en vigencia. Esa noche los disturbios se habían extendido a otros sectores, dejando también ahí establecimientos saqueados y destruidos.

# 33

A las ocho de la noche los guías reunieron el grupo.

—Bueno, deshágamse de todo. Sólo van a pasar con el pantalón, la camisa y los zapatos que llevan puestos. Todo lo demás, incluso los maletines, se queda aquí.

Salieron en completo silencio a la calle desierta y oscura. Uno que otro perro ladraba en la lejanía. Se acercaron cuatro carros de alquiler con las luces apagadas, y los abordaron inmediatamente.

—¡Agáchense! Que no les vean la cabeza.

En cada vehículo acomodaron siete personas, y a los que no cabían los metieron en los baúles. Uno de los guías caminó alrededor de los taxis desde cierta distancia para cerciorarse de que no se veían los pasajeros, luego subió al carro que iba a la cabeza y dio la orden de salir.

Después de hacer un recorrido como de veinticinco minutos por las afueras de la ciudad, se detuvieron frente ante un terreno baldío completamente a oscuras y todos se bajaron. Tres taxis desaparecieron y uno quedó atrás como si esperara a alguien. De entre unos matorrales salieron tres hombres. El cabecilla dividió los viajeros en tres grupos y asignó un hombre a cada uno.

—De hoy en adelante cada grupo será dirigido por uno de estos guías. Presten atención a ellos y todo saldrá bien.

Apartó a dos muchachas que viajaban solas.

—Ustedes van a pasar con nosotros.

Se unieron a ellos un tanto sorprendidas, pero luego se resignaron a su suerte.

Los nuevos guías portaban mochilas en sus espaldas, y sus cabezas iban cubiertas con gorras oscuras.

El cabecilla y su lugarteniente abordaron el taxi con las dos muchachas y se marcharon. Un guía explicó en voz baja:

—Bueno, aquí vamos a empezar a correr, y el que se quede, se queda. No queremos que nadie hable, no queremos que nadie diga nada. Si alguien se queda y ustedes quieren ayudarle, ustedes están arriesgando su vida y también la de todo el grupo. Porque nosotros no esperamos a nadie. Sígannos.

Sin dar más explicaciones corrieron como conejos en tres direcciones diferentes, y se metieron en el terreno baldío. Los grupos corrieron tras ellos, tratando de mantener cierta visibilidad con los de adelante. Se oía el ladrido de perros. Por momentos los guías se detenían y se agachaban, y todo el mundo hacía lo mismo. Daban la impresión de que esperaban una señal, y luego continuaban la marcha. Así recorrieron un trayecto como de quince minutos.

El terreno era desigual y plagado de nopal y otros arbustos espinosos. Pasaron helicópteros alumbrando con potentes reflectores. También voló sobre ellos una avioneta. Tendidos en el suelo entre matorrales, esperaron a que pasaran. El guía dio la señal y continuaron.

Finalmente llegaron al río Bravo, conocido en el otro lado como río Grande, y lo cruzaron por una parte poco profunda. El agua les llegaba un poco más arriba de la cintura.

Cuando alcanzaron la otra ribera se encontraron frente a una pequeña cuesta, y los primeros en subirla fueron los tres guías. Por un momento desaparecieron, como si buscaran algo. Regresaron segundos después, bajaron hasta los grupos que esperaban presas del nerviosismo, y uno de ellos ordenó:

—¡Suban, todos, pronto, vamos!

Acataron las órdenes y subieron desordenadamente. Lo que advirtieron inicialmente fue una carretera pavimentada, iluminada por luces débiles y amarillas. Finalmente se encontraban en los Estados Unidos.

Un niño se quejó de haber perdido un zapato. Una mujer tiritaba del frío. Al pasar el río se había deslizado en una piedra mojándose completamente.

—No se preocupe, pronto se va a secar —dijo un guía—. Ahora usted comprende por qué a los que cruzan la frontera ilegalmente los llaman "mojados".

Escondidos tras densos arbustos al otro lado de la carretera esperaban dos microbuses sin asientos. Los guías ordenaron a los viajeros abordarlos de inmediato. Se sentaron en el piso de los vehículos mientras que otros caían sobre ellos, quedando todos en posiciones incómodas.

—¡Ninguna cabeza debe verse por las ventanas!

Dos de los hombres que habían servido de guías subieron a las camionetas y acompañaron a los motoristas. El tercero regresó por donde había venido.

En ese momento el guía y el motorista del vehículo en que viajaban Calixto, Elisa, Silvia, José, el soldado y el resto de un grupo de quince personas, acordaron el camino que debían tomar.

—Nosotros iremos por el lado del desierto, hasta Silver City. La otra camioneta va a tomar una ruta diferente.

El microbús emprendió la marcha y se mantuvo a una velocidad moderada para no despertar sospechas. Habían avanzado alrededor de dos horas, cuando una mujer gritó que necesitaba orinar urgentemente y pidió que detuvieran el vehículo. Un hombre comenzó a vomitar. Otro dijo que no aguantaba la posición en que iba.

Calixto viajaba sentado sobre el piso de la camioneta, con el cuerpo de lado para que no se le viera la cabeza a través de la ventana. Sobre él se habían recostado varias personas y se le hacía difícil aguantar el peso, a tal punto que sentía las piernas completamente dormidas.

El guía y el motorista, totalmente extraños al grupo, se mostraban sumamente nerviosos. Los que acompañaron al grupo hasta Ciudad Juárez se quedaron atrás con las dos muchachas, las que supuestamente cruzarían con ellos la frontera.

La única preocupación del guía era que no se notaran las cabezas por las ventanas. Pero algunos de los pasajeros no soportaban la posición en que iban. Varios de ellos habían vomitado sobre sus compañeros. Después de tres horas de viaje, el guía explicó:

—Vamos a parar una vez, sólo por un minuto, para que se coloquen como mejor puedan y para que orinen los que no aguantan.

Se detuvieron en una zona desierta y oscura. Al cabo de un minuto abordaron el microbús, se acomodaron, el guía pidió completo silencio y continuaron el viaje.

Poco tiempo después alguien fue presa de un ataque de nervios y, en la desesperación, quería fumar. Le advertían que no lo hiciera pero igual encendió un cigarrillo. El guía ordenó al motorista detener la marcha y mandó al hombre que se bajara.

—¡Si no apagás esa mierda y te vas quieto te dejo tirado en el desierto!

Finalmente obedeció y entró apretando entre los dientes un cigarrillo apagado.

Continuaron el viaje y después de una hora arribaron a Silver City, en el estado de Nuevo México, y se detuvieron en una estación de gasolina.

# 34

Compañera Tzu-Nihá:

Con mucha emoción escribo esta ligera carta mientras tomamos un corto descanso al final de un difícil operativo guerrillero. Nuestra misión consistió en atacar y mantener bajo fuego a un batallón del ejército que vigila la montaña en que se encuentra nuestra base, mientras una escuadra de compañeros escoltaba a un comandante seriamente enfermo. Al cabo de una larga caminata entre bombas y balas la escuadra descendió la montaña y continuó el camino hacia la ciudad en que asistirán al comandante. Tuvimos dos bajas y varios heridos; ellos muchas más.

Pero, querida Tzu-Nihá, a pesar de lo duro de la guerra, todo parece cobrar un brío de esperanza cuando pienso en nuestro amor, en el día en que nos conocimos, en los operativos en que luchamos juntos, en el sagrado momento en que escogimos nuestros nombres Tzu-Nihá y Tzi-Vihán en memoria de nuestros antepasados mayas, y nos juramos amor por siempre y juntos luchar por la justicia social. Y eso, a pesar de tu ausencia, compañera, es lo que me inspira a luchar con valor y dignidad; a seguir adelante en busca de la reivindicación de nuestro glorioso pueblo.

Observo el esplendor de la montaña y me pregunto cómo te encontrarás. En qué tierra lejana estarás. Y quiero decirte, compañera del alma, que aún permanecen vivas en mi mente las imágenes de tu partida, el instante en que pronunciamos el "hasta siempre", el último calor de tus manos al acariciar las mías, la vista segura de tus ojos cuando me dijiste "te amo", tu sonrisa triste al decirme "adiós". Pero me consuela pensar que todo esto es sólo un pequeño desvío en el infinito camino de nuestro amor.

Y bien, querida Tzu-Nihá, terminó el receso, el pueblo nos llama, la guerra continúa. Sin embargo, también continúa la llama inextinguible de nuestro amor. Escríbeme a la dirección convenida.

"El pueblo vencerá."

Tzi-Vihán.

# 35

*(Cocina. Calixto, Cali, Caremacho, Juancho, Chele Chile.)*

Los primeros días en los Estados Unidos, yo no salía a la calle.
¿Y eso por qué, Calixto?
Porque tenía miedo de perderme o de que me capturaran. Una semana después fui entrando en valor para salir y caminar alrededor del edificio.
¿Y qué hacías al ver a la gente? ¿La saludabas?
No, al contrario, me cambiaba de acera por temor de que fueran agentes de Migración y me arrestaran.
Estos agentes no sólo son blancos y rubios. Los hay negros y hasta de origen latinoamericano.
Cierto. Por eso, cuando yo estaba recién venido, desconfiaba de todo el mundo.
Pero alguna vez tuviste que ir a algún lugar. No ibas a pasar metido en el apartamento todo el tiempo.
La primera vez que salí fue cuando me desesperé por la estrechez y el mal olor en el apartamento, y me fui a dormir al sótano de un edificio que le decían el Barco.
¿El que está en la esquina de la Calvert y la Adams Mill?
Ese mismo. Ahí pasé la noche pero no pude cerrar los ojos por miedo a que me asaltaran.
Ahí dormían borrachos y vagos.
Y para mayor desgracia, esa noche hizo tremendo frío y al día siguiente amanecí resfriado.
Tras de corneado, apaleado.
¿Y cuándo conseguiste tu primer trabajo?
Eso fue lo más difícil. Pasé mes y medio buscando, hasta que por fin encontré de limpiar ventanas de edificios, cosa que nunca había hecho.
¿No te dio miedo la altura?

Al principio sí. Pero la necesidad lo hace a uno valiente. No teníamos equipo apropiado. Sólo nos amarrábamos lazos a la cintura para bajar desde la azotea del edificio hasta las ventanas, pegándonos bien a las paredes, agarrándonos de donde podíamos.

Parecías garrobo, Calixto.

Cierto. Garrobo con el culo al aire. Pero el trabajito no duró mucho.

¿Y eso, por qué? Con tanto edificio con cientos de ventanas que hay en Washington, ese tipo de trabajo sobra.

Es que, en una de tantas, mientras lavábamos ventanas, a un paisano se le reventó la cuerda, se vino de pique y se dio en la madre, quedó hecho tortilla en la acera de la calle. Llegó la policía y tuve que huir por temor a que me culparan la muerte.

Qué problema.

Eso no es nada. Cuando regresé al apartamento me dijeron que el administrador del edificio se había dado cuenta de que ahí vivían veinte personas donde, supuestamente, sólo vivían tres, y que había dado una semana para desalojarlo.

¿Te fuiste a vivir al Barco?

No tenía más remedio. Casi estaba en la calle. Llegué a desesperarme tanto que estaba decidido a regresar al país, pero no tenía dinero para el pasaje.

Qué mala suerte.

Sí, hombre. Gracias a Dios que el siguiente día conseguí este trabajo, y antes de que la semana terminara uno de mis primos que tiene toda su familia aquí, el mismo que me ayudó a pagar la fianza para que la Migra me soltara, se dignó a darme posada.

¡Un golpe de buena suerte!

Justo cuando más lo necesitaba.

# 36

## SOLDADO X:
## FUGITIVO E INDOCUMENTADO

Un indocumentado salvadoreño, fugitivo del ejército de su país, quien se autoidentificó como ex-miembro de los escuadrones de la muerte en que operaba bajo el seudónimo de Soldado X, solicitó asilo político en los Estados Unidos.

En una entrevista exclusiva Soldado X declaró que desempeñó dos años de servicio en el ejército, en el cual pertenecía a un batallón especial que recibió entrenamiento militar en los Estados Unidos. Aseguró haber ingresado en los escuadrones de la muerte voluntariamente, en los que sirvió por cuatro meses en un grupo paramilitar.

En la entrevista, Soldado X describió uno de los "golpes" en que participó como miembro de los escuadrones, y la masacre de más de 200 personas en El Calabozo, cerca del cantón Amatitán Abajo, Departamento de San Vicente, el 22 de agosto de 1982.

"Alguien trajo una orden que contenía la descripción de un individuo acusado de esconder guerrilleros en su domicilio. Vestidos de civil y cubriéndonos el rostro con pañuelos oscuros, abordamos un 'van' sin placas y ventanas con vidrios polarizados y nos dirigimos a la casa del acusado.

"Cuando invadimos el lugar, el hombre trató de escapar pero desistió al notar que varias Uzis le apuntaban. Lo metimos en el vehículo y nos marchamos. En el interior del 'van' torturamos al individuo de diferentes maneras, incluso con la 'capucha', una bolsa llena de cal con que le cubríamos la cabeza para asfixiarlo temporalmente, y luego se la quitábamos para continuar el interrogatorio.

"Pero se negaba a revelar los nombres de sus compañeros y la naturaleza de sus actividades. Decía que de todas maneras lo íbamos a matar, entonces ¿por qué hablar?

"Finalmente, lo llevamos a un remoto lugar en las afueras de la ciudad, y fue ejecutado de un disparo en la frente y otro en el pecho, como muchos otros."

Soldado X afirmó que su unidad actuó como refuerzo en la masacre de El Calabozo, cerca del río Amatitán.

## Mario Bencastro

"Según nuestra información, allí había un campo de entrenamiento guerrillero. Pero cuando llegamos a la zona la operación había concluido. Encontramos muchos muertos, muchos cadáveres de mujeres y niños. Algunos estaban agonizando, en sus últimos alientos de vida."

Soldado X declaró que en cierta ocasión en que asistía a un velorio en su ciudad natal, lo detuvieron los guerrilleros amenazándolo que si no abandonaba el ejército lo matarían a él y a su familia. El prometió que desertaría de inmediato. Tiempo después asumió falsa identidad y, con su esposa, se unieron a un grupo de indocumentados dirigido por un traficante quien los transportaría al Norte. El grupo fue capturado en la frontera de los Estados Unidos y encarcelado, luego, algunos de sus miembros, él incluido, fueron puestos en libertad temporal bajo fianza. Después de residir y trabajar por cierto tiempo en Maryland, Soldado X viajó a El Paso con el fin de pagar la fianza para poner en libertad a su esposa, quien días antes había sido deportada a su país, donde fue asesinada misteriosamente.

"He tenido mucho tiempo para meditar sobre lo que está sucediendo en mi país, sobre todas las cosas que hice y sobre el asesinato de mi esposa. No quiero huir ni esconderme más."

En cuanto al motivo de solicitar asilo político en los Estados Unidos, Soldado X declaró:

"Si regreso a mi país correré la misma suerte de mi esposa, pues tanto la guerrilla como mis antiguos colegas de los escuadrones seguramente tratarán de eliminarme."

*The Los Angeles Watch*
California, 18 de noviembre de 1986

# 37

A cinco horas de la frontera, dos horas después de que habían atravesado Silver City, fueron interceptados por un carro-patrulla, el que encendió la sirena y las luces de emergencia, y por un megáfono les ordenó detener la marcha.

El motorista desobedeció la orden y desvió la camioneta de la carretera para internarse en el desierto a toda velocidad, mientras que el carro-patrulla lo perseguía con el estridente sonido de la sirena.

El motorista detuvo abruptamente el vehículo, saltó al desierto y huyó al tiempo que lanzaba las llaves hacia un matorral. El guía también se dio a la fuga, en dirección opuesta.

El oficial que se había quedado con los viajeros mientras el otro perseguía al motorista, les ordenó en español:

—¡Soy agente de Inmigración! ¡Manténganse quietos en la camioneta y esperen!

Aquellas palabras hicieron que la decepción se apoderara de los viajeros. Algunos de ellos empezaron a llorar, otros maldecían el momento en que decidieron emprender el viaje pues, a pesar de haber conseguido el dinero para costearlo con mucho sacrificio y sufrido tanto en la travesía, todo había terminado sin haber alcanzado lo que tanto ansiaban.

El motorista finalmente fue capturado. El guía logró fugarse. Para entonces, otros carro-patrullas habían acudido al lugar, el que de pronto se iluminó con las potentes luces de un helicóptero cuyo motor agregaba ruido y confusión a la dramática escena de la captura.

Varios agentes iban de un lugar a otro cerciorándose de que los viajeros estuvieran adecuadamente esposados, a los que luego hicieron abordar otras camionetas en grupos de siete.

Los capturaron alrededor de la una de la madrugada y los llevaron a una estación en que fueron trasladados a buses grandes cuyas ventanas estaban protegidas por rejas. Luego emprendieron un largo trayecto y se detuvieron en lo que parecía ser un punto intermedio, en que les dieron de comer emparedados y refrescos. De ahí iniciaron el recorrido hacia El Paso, Tejas.

En la ruta recogieron a otros prisioneros que habían sido capturados en diversos puntos de la frontera, en total cinco autobuses repletos de indocumentados, y en caravana se dirigieron hacia El Corralón, la cárcel del Departamento de Inmigración de mayor extensión en la frontera, a la que finalmente arribaron alrededor de las cinco de la tarde, diecinueve horas después de haber sido capturados.

En El Corralón los viajeros fueron fotografiados y fichados. En esa oportunidad les permitieron hacer una llamada por teléfono a algún familiar o amigo. Les hicieron firmar documentos muchos de los cuales no entendieron. Luego los internaron en la prisión regular.

En El Corralón encarcelaban hombres, mujeres y niños, originarios de todas partes del mundo. El grupo de Calixto pasó directamente a una cancha de fútbol en el predio de la prisión, la que estaba próxima al aeropuerto de El Paso, y desde la cual los prisioneros observaban los aviones que despegaban y se perdían en el cielo, haciéndoles pensar que algún día volarían en ellos para alejarse de aquella prisión.

El nombre de El Corralón fue dado a aquel lugar por los mexicanos, los que en grandes cantidades eran ahí encarcelados cuando los arrestaban por cruzar la frontera ilegalmente.

# 38

ABOGADA: Gracias, señor juez . . . Teresa, ¿por qué tomó en serio su esposo la amenaza de que los guerrilleros matarían a su familia si continuaba en el servicio militar?

TERESA: Porque así lo harían.

ABOGADA: ¿Cómo sabe usted que lo harían?

TERESA: Porque esa es la manera en que se lo prometían a la gente, y eso es lo que hacían.

ABOGADA: ¿Así que usted conoce casos en los cuales se cumplieron tales amenazas?

TERESA: Sí, porque a los que habían advertido que abandonaran el servicio militar y no lo hacían, los mataban.

ABOGADA: ¿Y por qué creían ustedes dos que no podían seguir viviendo en su país sin que los militares encontraran a su esposo y lo detuvieran?

TERESA: No, no podíamos vivir allí porque él estaba en peligro de un bando y del otro.

ABOGADA: ¿Se mudaron a otra parte?

TERESA: Sí.

ABOGADA: ¿Adónde?

TERESA: A la capital.

ABOGADA: ¿Se sentía usted tranquila viviendo ahí?

TERESA: No, porque no conocía a nadie. Y mi esposo sentía que todo el mundo sospechaba de él. El ya conocía la capital.

ABOGADA: ¿El vivía antes ahí?

TERESA: En un tiempo fue destacado ahí para trabajos especiales.

ABOGADA: ¿Trabajos especiales para quién?

TERESA: Para el gobierno.

ABOGADA: ¿Qué clase de trabajos?

TERESA: No sé exactamente. Pero recuerdo que me dijo que era muy peligroso y se ausentó por varios meses.

ABOGADA: ¿Cuántos meses?

*Mario Bencastro*

TERESA: Como cuatro.

ABOGADA: ¿Vivieron mucho tiempo usted y su esposo en la capital?

TERESA: No mucho. Sólo lo suficiente para conseguir un coyote que nos trajera.

ABOGADA: ¿Y lograron conseguirlo?

TERESA: Sí.

ABOGADA: ¿Qué parientes le quedan en El Salvador?

TERESA: Mi abuela, tres hermanitos y una hermanita que viven con ella, y otra hermana que se quedó con una tía.

ABOGADA: ¿Ha tenido noticias de ellos últimamente?

TERESA: No.

ABOGADA: ¿Cuánto tiempo hace que no sabe de ellos?

TERESA: Hace más de seis meses que no hemos recibido carta de ninguno de ellos.

ABOGADA: ¿Tiene alguna idea por qué no ha tenido noticia de ellos?

TERESA: No, ninguna.

ABOGADA: ¿Cómo se siente al respecto de eso?

TERESA: Me siento muy mal.

ABOGADA: ¿Hay alguien a quien usted pueda escribir para preguntar por su familia?

TERESA: No.

ABOGADA: ¿Su esposo tiene familia allá?

TERESA: Sí, su abuela y una tía de parte de su mamá.

ABOGADA: ¿Cuándo supo por primera vez que podía solicitar asilo en este país?

TERESA: Cuando me arrestó Inmigración.

ABOGADA: ¿El oficial de Inmigración se lo explicó?

TERESA: Un poco.

ABOGADA: Y cuando viajaba, ¿tuvo contacto con la autoridad de algún otro país?

TERESA: En Benjamín Hill, México.

ABOGADA: Bien . . .

JUEZ: Benjamín Hill, ¿es eso lo que dijo?

ABOGADA: Sí, señor juez, pero no sé nada acerca de ese lugar. Lo siento.

FISCAL: Está al sur de Nogales, aproximadamente cincuenta millas al sur de la frontera.

ABOGADA: Bien. Ahí fueron detenidos por primera vez. ¿Y las autoridades mexicanas les dijeron algo acerca de solicitar asilo en México?

TERESA: No.

ABOGADA: ¿Qué hicieron con ustedes?

TERESA: Nos deportaron.

ABOGADA: ¿Adónde?

TERESA: A Guatemala.

ABOGADA: ¿Y tuvo contacto con las autoridades en Guatemala?

TERESA: No.

ABOGADA: ¿Y cómo entraron finalmente en los Estados Unidos?

TERESA: Regresamos a El Salvador, y días después encontramos otro coyote que al fin nos trajo aquí.

ABOGADA: ¿Aproximadamente cuándo ocurrió eso?

TERESA: En 1985 también.

ABOGADA: Teresa, solamente le haré un par de preguntas más sobre la salida voluntaria. Aparte de haber sido detenida por las autoridades de Inmigración, una vez en México y una vez aquí, ¿ha sido usted arrestada en alguna otra ocasión?

TERESA: No.

ABOGADA: ¿Ha cometido algún crimen o delito en cualquier parte del mundo?

TERESA: No.

ABOGADA: Si fuera necesario, ¿podría usted pagar su transporte de regreso?

TERESA: Sí.

ABOGADA: Y si no hubiera ningún otro remedio a su caso y el juez le concediera la salida voluntaria, ¿obedecería usted la orden?

TERESA: Sí.

ABOGADA: Señor juez, no tengo más preguntas.

# 39

El martes, por el barrio circulaban rumores de que los disturbios empezarían a las seis en punto de la tarde, y que los amotinados desobedecerían el toque de queda que entraba en vigor a las siete de la noche.

En la calle 16 los cuerpos de seguridad se alinearon y marcharon con paso "de ganso", al estilo intimidante de las columnas nazis en la época de Hitler en Alemania.

La tensión de las autoridades, de los vecinos y del crecido número de reporteros de servicios de información nacionales e internacionales se intensificaba con el paso de las horas y la caída de la noche sobre Adams Morgan.

Esta vez la policía estaba preparada con mayor fuerza y eficacia para contrarrestar a los amotinados. Las cámaras de televisión estaban listas para reportar en vivo y en directo desde la capital otra noche de violencia.

Sólo faltaba el botellazo que, al igual que la noche anterior, fuera la chispa para que estallara el incendio. Pero, acaso de milagro, el botellazo nunca surgió. El toque de queda entró en vigencia y los disturbios desaparecieron.

El informe oficial resumió las incidencias de las dos noches trágicas de la siguiente manera:

> "Como resultado de los motines, diez oficiales fueron heridos, incluso uno acuchillado en el hombro, cinco carro-patrullas y una camioneta de la policía fueron incendiadas y varios otros vehículos fueron dañados por piedras y otros proyectiles. Gran número de vehículos privados de residentes del área también sufrieron daños. A esto hay que agregar las pérdidas considerables causadas a las tiendas 7-Eleven y El Progreso en la esquina 3100 de la calle Mount Pleasant, noroeste, y un bus totalmente destruido entre las calles Mount Pleasant y Lamont, noroeste. Se hicieron un total de ocho arrestos por desorden civil."

El informe oficial, sin embargo, pasó por alto documentar los motivos fundamentales que generaron, y alimentaron, las dos noches de violencia. Varios periódicos locales se encargaron de enumerarlos; uno comentó:

"El balazo que hirió a Daniel fue solamente la chispa que hizo explotar la bomba de tiempo que se había estado gestando en la comunidad a razón de la frustración y el descontento por varios motivos. Uno de ellos es el maltrato por parte de la policía que nuestra comunidad ha sufrido en repetidas ocasiones, cuyos incidentes han sido presentados formalmente ante la municipalidad de Washington D.C. por organizaciones de la comunidad, sin que se les haya prestado la menor atención. A esto debe agregarse la falta de programas de adiestramiento laboral. Es de suma importancia la implementación de un programa de culturización para que la comunidad inmigrante se familiarice con la nueva cultura en que se encuentra. Si a la situación que actualmente vive esta comunidad no se le presta la debida atención, los conflictos continuarán acumulándose y explotarán nuevamente en el momento menos pensado. Pues, como dijo un representante de la comunidad, 'Estas personas, legalmente documentadas o no, están aquí y son una realidad que debemos tomar en cuenta y no mantenerlas al margen de la sociedad. Aunque representen un problema, la municipalidad no puede aspirar a deshacerse de ellas como lo hace con la basura; no las puede empaquetar e ir a tirarlas a otra parte'."

Mientras tanto en un hospital capitalino, según los reportes periodísticos, Daniel "permanecía en condición crítica pero estable." Y corto tiempo después, para su suerte, y acaso para beneficio del barrio, se recuperó del balazo que estuvo cerca de quitarle la vida.

# 40

Bajo la estricta vigilancia de los inspectores los prisioneros pasaron a una sala en que les esperaba una abogada especializada en asuntos de inmigración. Dijo llamarse Susana y que había sido enviada por una organización de la comunidad dedicada a ayudar a los indocumentados. La abogada explicó:

"A cada uno de ustedes las autoridades de esta prisión hicieron firmar documentos en que les han fijado una fecha para un juicio que se llevará a cabo en siete días, o sea una semana después de la captura. En esa ocasión, cada uno de ustedes se presentará ante el juez de Inmigración para declararse inocente o culpable de haber cruzado la frontera sin documentos.

Si ustedes se declaran inocentes tendrán que presentarse a un juicio en el cual tendrán que comprobar la fecha y la manera de su entrada en este país. Si se declaran culpables, el juez verá si hay alguna alternativa a la deportación, como por ejemplo el asilo político.

A cada uno de ustedes les han fijado una fianza. A los que tienen fianza de cinco mil dólares posiblemente se la reduzcan a dos mil quinientos en el momento de presentarse a la corte. Pero mientras la fianza no se pague ustedes seguirán detenidos a menos que ganen el caso de asilo político.

Mientras no haya orden final de deportación en sus casos, ustedes tienen derecho a pagar la fianza, salir de la prisión y continuar peleando sus casos en libertad.

Si ustedes solicitan la deportación o el juez determina que deben ser deportados, regresarán a su país cuando los cupos que paga el Servicio de Inmigración en las líneas aéreas comerciales se llenen. Las fianzas las pueden pagar los familiares o los amigos de ustedes. A menos que ustedes mismos tengan como pagarla.

Si ustedes salen de esta prisión bajo fianza, saldrán con una cita pendiente con la corte. En esa fecha el juez determinará si en ese período ustedes consiguieron una carta de trabajo o si lograron realizar alguna otra opción para conseguir estadía legal. Otra opción es iniciar un proceso de asilo político, el que es muy especial porque tarda mucho tiempo y debe comprobarse, mediante testimonios u otras pruebas, que la vida de la persona que lo solicita estará en peligro al regresar a su país de origen.

Si la persona no se presenta a la cita con la corte, que a veces es tres meses después de haber salido bajo fianza, el dinero que el familiar depositó se pierde, y se emite una orden de captura y deportación."

Al cabo de aquella explicación, la abogada preguntó si todos habían entendido, a lo que nadie respondió acaso porque se encontraban traumatizados por su reciente captura. Entregó a cada uno de ellos su tarjeta de presentación.

"Si necesitan mi ayuda llámenme por teléfono," agregó al tiempo que abandonaba la sala.

Los prisioneros fueron escoltados de regreso al interior de El Corralón.

# 41

Los Ángeles

Compañero Tzi-Vihán:

El panorama que se presenta a mi alrededor es totalmente diferente al que nos rodeaba sólo hace unas semanas. Ya me encuentro en el Norte, en casa de mi hermano. El viaje fue intenso, triste y doloroso, bastante cansado y muchas veces confuso y hasta peligroso. El comportamiento de los coyotes deja mucho que desear. Uno de ellos quiso abusar de mí. De suerte que alguien intervino y lo hizo desistir. Pero luego el mismo hombre que me defendió tenía iguales intenciones. De suerte que supe defenderme. El entrenamiento que recibimos en la montaña me sirvió de mucho en este viaje.

Esta es otra cultura, otra lengua, otra gente, otra tierra; otro mundo en que de pronto he sido violentamente incrustada y al que no sé si podré adaptarme. Dicen que todo es posible, pero en mi actual circunstancia, tengo dudas muy serias acerca de mi adaptación en este país. Sin embargo, estoy decidida a tratar, a esforzarme, y quiera Dios que el tiempo pase pronto, que la guerra termine para que estemos juntos de nuevo. Porque estar lejos de ti es mi mayor suplicio, compañero Tzi-Vihán. Pues nada, ni el más bello paisaje de primavera, es comparable con tu amor. Y eso es mi gran desconsuelo. Sin ti, los días son interminables, las noches eternas, el mundo sin sentido.

Considero que todos estos lamentos son realmente egoístas. Perdóname, compañero. Porque comprendo que al fin y al cabo esta circunstancia nuestra es parte de la lucha contra la injusticia social, y no debiera quejarme porque luchamos por un mundo mejor para todos.

Por eso, en mis momentos difíciles pienso en ti, pronuncio tu nombre, y entonces el mundo parece no estar perdido del todo. Cuídate mucho, mi amor. No dejes de escribirme.

"El pueblo vencerá."

Tzu-Nihá.

# 42

*(Cocina. Calixto se ocupa en lavar platos. Juancho, su compañero, lava una enorme olla de aluminio en que se hacen las sopas del restaurante.)*

Juancho, pasame el jabón.

Ya no me llamo Juancho, ahora soy Johnnie.

(Calixto, sorprendido.)

¡Yoni! ¿Qué nombre es ese?

No, no es Yoni, se dice Johnnie.

¡No entiendo! Tu nombre es Juancho Molinos. Dejate de cosas raras.

Era, ¡ahora es Johnnie Mills!

¿Y qué locura se te ha metido en la cabeza?

Es que, al país que fueres haz lo que vieres . . . Y es así que ahora me llamo Johnnie.

¡Hm, este país le cambia a uno hasta el nombre! Los sábados viene un hombre a trabajar de mesero, y me dice "Cal" en vez de Calixto. Yo le dije que "Cal" es la cosa con que pintan las casas en mi pueblo.

Ya no me digás Juancho.

Veo que ya se te olvidó cuando andabas descalzo en el cantón, con el morral de tortillas al hombro.

Sí, pero ahora no estamos allá.

Pero eso tampoco quiere decir que ya no sos de allá. El nombre te lo podés cambiar pero no la cara.

Mirá qué zapatos tan bonitos que me compré. Eh, celos te dan.

Acordate cuando andabas descalzo.

Eso era antes. Yo no soy como muchos que viven aquí pero siguen pensando que están allá. Esto es otra cosa. ¡Hay que ponerse al día!

Es cierto, pero tampoco voy a olvidar mi pueblo. ¿Cómo voy a preferir el White Bread a las tortillas? ¿Las hamburguesas a las pupusas? ¿Los Hot Dogs a los tamales? ¡Eso nunca, no hay comparación!

Sí, pero tampoco has olvidado la carreta de bueyes. No se te ha quitado el olor a monte. Yo no, ya me compré mi buen carro Trans Am.

Sí, pero tenés que trabajar día y noche para pagarlo. Para eso prefiero andar a pie, y no tener preocupaciones.

También me conseguí una gringuita. ¡Ah, miren al Calixto, se le hace agua la boca!

A mí no, para eso tengo mi mujer y mis hijos, que muy pronto vendrán porque ya ahorré el dinero para pagarle al coyote que los va a traer. Además que vos no hablás inglés, quizás ni te entendés con ella.

No seas tonto, si para eso no es necesario ni decir una palabra, las manos se encargan de hablar.

Sí, pero necesitás mucha plata, porque las norteamericanas no se conforman con poco como nuestras mujeres.

Ah, ¿y no para eso estamos aquí? Para trabajar duro y comprar todo lo que queramos, y ser felices. ¿Y entonces cuál es el progreso y la felicidad que venimos a buscar a este país?

No confundás la chicha con la limonada, Juancho. Una cosa es progresar y otra es volverse loco comprando cosas innecesarias. La felicidad no la venden en las vitrinas de los almacenes.

¡Ya te dije que me llamo Johnnie!

Mirá, yo te conocí como Juancho desde pequeño allá en el pueblo, y para mí, con carro o sin carro, con gringa o sin ella, siempre vas a ser Juancho.

Entendé que ahora soy otro.

Entonces, ¿quiere decir que ya no sos salvadoreño?

¡Ahora soy de aquí!

Pues yo, al contrario, cada día soy más de allá. Porque una cosa es progresar, tener trabajo, vivir mejor, pero la tierra se lleva en el corazón. Puedo vivir cien años fuera de mi país pero nunca renunciaré a él.

(Se escucha la voz de una mujer que llama desde la puerta de la cocina.)

Johnnie, honey, are you ready to go?

(Juancho grita.)
Yes, I'm coming!
(A Calixto.)
Ya me voy, ahí vienen a recogerme, nos vemos.
(Ella entra y antes de salir con Juancho, se despide de Calixto.)
Goodbye, Cal!
No me llamo Cal. ¡Mi nombre es Calixto!
(Ella no entiende español y, sonriendo, repite.)
Goodbye, Cal!
(Calixto, un tanto contrariado.)
Adiós.

# 43

A las seis de la mañana sonó la alarma en El Corralón. Los prisioneros se despertaron de su accidentado sueño para dirigirse a los baños, completamente abiertos, a hacer su aseo personal.

A las siete se escuchó nuevamente la alarma para indicar la hora del desayuno. Los prisioneros formaron en fila y pasaron al comedor, tomaron un azafate y les sirvieron lo que deseaban.

La comida no era mala, y el tiempo disponible para consumirla era de media hora. Cinco minutos antes de salir permitían repetirse a los que aún no habían saciado el hambre.

A las siete y media todo el mundo debía pasar a la cancha de fútbol, pues a nadie le era permitido quedarse en los comedores ni en los dormitorios. La prisión también disponía de una cancha de tenis, pero solamente les facilitaban bolas para el juego de fútbol.

En un pequeño edificio que llamaban casino, había naipes y juegos de mesa para la entretención de los prisioneros.

Permanecían en la cancha y en el casino hasta las doce del mediodía cuando sonaba la alarma del almuerzo, después del cual regresaban al patio y estaban allí hasta las seis de la tarde, hora de la cena.

A las seis y media todo el mundo había cenado y se encontraba en los inmensos dormitorios atiborrados de catres, y un televisor a colores en cada esquina.

Para la mayoría de los prisioneros, hombres o mujeres, ésta era posiblemente la primera vez que veían un televisor a colores, pues muchos de ellos nunca habían salido de sus pueblos remotos, por lo que pasaban largas horas frente al televisor como hipnotizados aun ante los anuncios comerciales, aunque no comprendieran absolutamente nada, ya que los programas eran en inglés.

A las diez de la noche apagaban las luces y los televisores, y sólo quedaban encendidas algunas lámparas en los pasillos que daban al patio. A esa hora era prohibido conversar en voz alta.

Tal era la rutina de todos los días en El Corralón.

Cuando los indocumentados ingresaban en la prisión les decomisaban las pertenencias personales como relojes y otras prendas y, si tenían dinero en su posesión, sólo les permitían cinco dólares. El resto lo guardaban en un sobre para ser devuelto cuando fueran puestos en libertad.

Los cinco dólares eran entregados en monedas de veinticinco centavos, con lo que podían comprar chocolates, maní, chicles, cigarrillos y gaseosas en una máquina, la que era abastecida de mercadería los jueves. Cuando se acababan los cinco dólares y el prisionero deseaba más dinero, tenía la opción de devengar sueldo de un dólar al día trabajando en la cocina, haciendo limpieza en el edificio o acarreando recados para los oficiales. Los que trabajaban eran conocidos como "talacheros".

Nadie sabía cuánto tiempo permanecería en la prisión. Dependía de muchos factores: de los abogados, del dinero que disponían los familiares para pagar la fianza, y de la suerte del prisionero.

# 44

JUEZ: Señor fiscal, ¿tiene usted alguna pregunta para la acusada?

FISCAL: Sí, señor juez, gracias . . . Teresa, ¿ha usado usted alguna vez algún otro nombre?

TERESA: No.

FISCAL: La única vez que ha sido arrestada o detenida fue por la autoridad mexicana de inmigración y por la autoridad estadounidense de inmigración, ¿correcto?

TERESA: Sí.

FISCAL: Supongo, entonces, que nunca ha estado en la cárcel.

TERESA: No.

FISCAL: Estoy un poco confundido acerca de unas fechas. Su solicitud dice que usted nació en 1960. ¿Cuándo fue que vivió con su abuela?

TERESA: Desde que mis padres murieron.

FISCAL: ¿Y eso fue cuándo?

TERESA: Mi padre tiene doce años de muerto. Hace trece años que mi mamá murió.

FISCAL: Pues, ¿vivió con su abuela hasta que salió de su país?

TERESA: Cuando fui a vivir con mi esposo, entonces me separé de ella.

FISCAL: ¿Y eso fue aproximadamente cuándo?

TERESA: En 1976.

FISCAL: Después de 1976, ¿ya no vivía con su abuela?

TERESA: Con ella no, pero vivíamos cerca.

FISCAL: ¿En cuántos lugares diferentes vivió usted con su esposo?

TERESA: Sólo allí donde teníamos nuestra casa y en San Miguel. Y como un mes en la capital.

FISCAL: ¿Qué tan lejos es San Miguel de donde vivía su abuela?

TERESA: En bus, toma una hora.

JUEZ: Hágame el favor, señor fiscal, y pregúntele cómo se llama el lugar donde vivía la abuela.

FISCAL: ¿En qué ciudad o aldea vivía su abuela?

TERESA: Cantón El Jocote, San Miguel.

JUEZ: Bien.

FISCAL: ¿El único contacto que usted tuvo con los guerrilleros fue cuando llegaban a su casa y a la casa de su abuela por agua?

TERESA: Hablé con ellos dos o tres veces, cuando pedían agua. Después llegaban y tomaban agua ellos solos del barril que estaba allí.

FISCAL: No entiendo su respuesta. ¿Dice que habló con ellos dos o tres veces?

TERESA: Sí, cuando nos preguntaron si teníamos agua.

FISCAL: Pues, ¿cada cuánto veía a los guerrilleros en el área, una vez al día, una vez al mes, una vez al año?

TERESA: Cada ocho días, pero pasaban por allí todas las noches.

FISCAL: ¿Cada cuánto veía a los militares en esa área, una vez al día, una vez al mes, una vez al año?

TERESA: Los militares siempre estaban allí a diario revisando los buses, buscando guerrilleros.

FISCAL: ¿Usted alguna vez tuvo algún problema con los militares?

TERESA: No.

FISCAL: ¿Tuvo algún problema con cualquier otro oficial del gobierno?

TERESA: No.

FISCAL: ¿Su esposo fue reclutado a la fuerza en el servicio militar, o ingresó voluntariamente?

TERESA: Ingresó voluntariamente.

FISCAL: ¿Y se inscribió para estar cuánto tiempo?

TERESA: En San Miguel, estuvo como año y medio. En San Salvador como cuatro meses. Aquí, no recuerdo si estuvo tres o cuatro meses.

FISCAL: Dice que él entró voluntariamente. ¿Entró voluntariamente para estar un año o dos años o diez años? ¿Por cuánto tiempo se inscribió?

TERESA: Cuando entró por primera vez en San Miguel, sólo estuvo cuatro meses y entonces lo trajeron aquí. Después de que regresó de los Estados Unidos siempre estaba en combates.

FISCAL: ¿Cuánto tiempo decía el reglamento que él tenía que quedarse en el ejército?

TERESA: Dos años.

FISCAL: ¿A su esposo le tocaba salir del ejército en 1984?

TERESA: No, porque los cuatro meses que él estuvo aquí no contaban.

FISCAL: ¿Cuándo fue que los guerrilleros detuvieron a su esposo?

JUEZ: Perdón, ¿y en qué año?

TERESA: En 1984.

FISCAL: ¿Enero o diciembre? ¿Junio?

TERESA: No recuerdo eso.

FISCAL: Pues, después de que desertó del ejército, ¿usted y él se mudaron a otra ciudad, San Miguel?

TERESA: Sí.

FISCAL: ¿Cuánto tiempo vivieron en San Miguel antes de que salieran?

TERESA: Dos, tres, cuatro meses.

FISCAL: Ahora bien, su solicitud dice que usted salió en enero de 1985. ¿Fue ésa la única vez que usted salió de su país?

TERESA: No. Dos veces en 1985.

FISCAL: Así que cuando las autoridades mexicanas los detuvieron, ¿no los regresaron?

TERESA: No, nos mandaron a Guatemala.

FISCAL: ¿Nada más los dejaron al otro lado de la frontera?

TERESA: Cruzamos la frontera a Guatemala y nos tuvieron en un lugar que era como una cárcel por tres o cuatro días. Después nos dejaron en libertad y regresamos a El Salvador.

FISCAL: Bien. Después de que su esposo desertó del ejército, ¿tuvo algún otro problema con los guerrilleros?

TERESA: No.

FISCAL: Cuando se fue de la aldea pequeña a San Miguel ¿disminuyó la cantidad de combate en el área?

TERESA: No.

FISCAL: Y si se hubiera mudado a la capital, en su experiencia, ¿habrían menos combates allí?

TERESA: No.

FISCAL: Bien, ¿dónde consiguió el pasaporte?

TERESA: En la capital.

FISCAL: ¿Cuándo fue eso?

TERESA: Cuando vivimos allí como por un mes.

147

Mario Bencastro

FISCAL: Hm . . . Vamos a tratar algo diferente. ¿Usted recibió un pasaporte expedido por el gobierno de El Salvador?
TERESA: Sí.
FISCAL: ¿Lo consiguió antes de salir?
TERESA: Sí.
FISCAL: ¿Y lo consiguió en la capital?
TERESA: Sí, ahí sacamos el pasaporte.
FISCAL: Lo consiguió en la capital.
TERESA: Sí.
FISCAL: Bien, bien. Entonces ¿usted y su esposo, los dos, consiguieron pasaportes?
TERESA: Sí, señor.
FISCAL: ¿Y entonces usted y él salieron en bus, avión? ¿Cómo salieron?
TERESA: En bus.
FISCAL: Y usted dijo que habían sacado visa. ¿Tenían visa para ir a México?
TERESA: Sí.
FISCAL: ¿Recibieron visa para México a la vez que sacaron el pasaporte?
TERESA: Sí.
FISCAL: ¿Y sacaron visa para Estados Unidos?
TERESA: No.
FISCAL: ¿Por qué?
TERESA: No lo intentamos porque mi esposo andaba huyendo, y además era muy complicado porque no llenábamos los requisitos.
FISCAL: Hm . . . ¿Su esposo ha usado siempre el mismo nombre?
TERESA: No.
FISCAL: ¿Así que usted sacó pasaporte con nombre verdadero y él con nombre falso?
TERESA: El tuvo que usar un nombre falso porque tenía miedo de que descubrieran que había desertado del ejército.
FISCAL: ¿Y viajaron juntos?
TERESA: Sí. Pero durante el viaje no nos hablábamos.
FISCAL: Hm . . . ¿Por qué?
TERESA: Para que nadie sospechara que éramos marido y mujer. Así, si las autoridades lo descubrían a él y lo arrestaban, no me arrestaban a mí.

148

# 45

## POR UNOS DÍAS, MOUNT PLEASANT ABRIÓ UNA VENTANA AL MUNDO

Los saqueos, la violencia y el enfrentamiento policial captaron en primera instancia la atención periodística nacional y más tarde mundial. El domingo por la noche y ya pasada la medianoche, las escenas de disturbio en Mount Pleasant presentaban imágenes vivas en la cadena nacional noticiosa (y mundial) de cable CNN. Patrullas y camionetas de la policía quemadas mostraron las imágenes que en la madrugada del lunes ya era la primera noticia de CNN.

Para el lunes, con la violencia y los saqueos en pleno apogeo, no había sino que observar la nutrida constelación de periodistas de agencias mundiales formando parte de la prensa desplegada por el área. Representativos de Canadá, Corea, Inglaterra, España y Francia, para mencionar algunos, integraban sus labores con los medios estadounidenses y del ámbito local.

Los corresponsales de El Tiempo Latino en Buenos Aires, Argentina, mencionaron la atención que se le prestaba a los disturbios de nuestra comunidad en la prensa sudamericana, notando que las imágenes eran vistas en los programas noticiosos y las fotos de los saqueos aparecían en los diarios del país.

Una preocupación rondando el martes, cuando estaba por implementarse el toque de queda a las 7 de la noche, era que la cantidad de periodistas enfocando sus cámaras hacia la policía y la multitud podrían incitar un motín. El efecto de captar la atención bastaba para motivar el punto. Por ejemplo, los israelíes argumentaban que las cámaras de la televisión internacional instaladas en el territorio ocupado instigaban a los palestinos a lanzar piedras durante la trágica Intifada.

Sin embargo, no ocurrió así en este caso. La relativa carencia de violencia el martes fue un alivio (aunque se escuchaba decir que era una decepción para los periodistas que acababan de arribar para esa tercera noche).

En primera instancia, no se sabía si el toque de queda incluía a los periodistas. La policía aparentemente quería establecer un sistema de agrupaciones (al estilo que se utilizó para la cobertura de

149

la Guerra en el Golfo). La queja del editor del Washington Post, Len Downie, cambió todo esto. Por cierto, este influyente medio local desplegó una buena cantidad de reporteros y fotógrafos, brindándole una cobertura a una parte de la comunidad que suele quedar archivada en el olvido. El Washington Times también tenía a su gente bien instalada. Otros medios, entre los muchos, eran el New York Times (que le dedicó una primera plana el martes), el Baltimore Sun y casi todas las agencias noticiosas.

Los periodistas, en general, gozamos de libertad de movimiento. Algunos policías eran francos con nosotros, deteniéndose en los momentos cuando no había acción, para ofrecer sus observaciones acerca de la situación.

Un chiste que rodaba entre los periodistas era que la policía de Washington D.C. había perdido más vehículos en los dos días de violencia que los que le habían destruido a los militares norteamericanos en toda la operación contra Irak.

*El Tiempo Latino*
Washington, D.C., 10 de mayo de 1991

# 46

Silvia, Elisa y las otras mujeres que capturaron con el grupo de Calixto fueron también internadas en El Corralón. Ahí se encontraban las dos muchachas que los guías apartaron para que cruzaran la frontera con ellos. Habían desarrollado cierta confianza con Elisa y Silvia, a quienes relataron lo acaecido.

—Los guías nos llevaron a un lugar completamente oscuro y nos violaron —dijo una de ellas—. Bajo la amenaza de que, si nos negábamos, no nos iban a ayudar a cruzar la frontera y nos abandonarían.

La otra agregó:

—Luego que abusaron de nosotras, nos abandonaron en la oscuridad del desierto. Caminamos como hora y media hasta que encontramos un río y logramos cruzarlo.

—Cuando ya nos encontrábamos al otro lado, nos capturó la policía y nos entregó a Inmigración. Así fue como llegamos a este lugar.

—A mí me fue todavía peor —dijo una muchacha de dieciocho años que se había hecho amiga de Silvia—. En mi pueblo, mis padres murieron por accidente en un enfrentamiento entre la guerrilla y tropas del gobierno. Al verme huérfana y desamparada, mi tío pagó setecientos dólares a un coyote que traía un grupo, para que me llevara a una tía que vive en Los Ángeles. El viaje sucedió sin mayores problemas. Pasamos el río y nos quedamos unos días en una pequeña ciudad cerca de la frontera. El coyote salió un día a comprar la comida y nunca regresó, quizás lo arrestaron. El hecho es que dejó abandonado al grupo de treinta en aquel hotel. Y nadie sabía qué hacer. En mi desesperación, al tercer día de aguantar hambre salí a caminar por la ciudad con el fin de buscar al guía o pedir ayuda. Un oficial de la policía que hablaba español me detuvo y cuando supo que era indocumentada, me ofreció trabajo de sirvienta en su casa. Se mostró muy amable y acepté. Le planchaba la ropa, hacía la comida y aseaba la casa, pero nunca me pagó un centavo. Me violó muchas veces y después dormía conmigo como si yo fuera su mujer. Me amenazó con matarme si contaba a alguien mi situación. Le dije que quería ir a la escuela a aprender inglés pero él me decía que los indocumentados no teníamos derecho a nada. En esa vida de esclavitud viví año y medio. Hasta que una vez en que el policía tuvo que salir de viaje por varios días, me escapé y pensé irme a Los Ángeles a buscar a mi tía. Pero tuve tan mala suerte que en la estación de buses me capturó la Migra, y así fue como vine a parar aquí. Ahora sólo estoy esperando la deportación.

# 47

*(Cocina. Calixto, Cali, Caremacho, Juancho, Chele Chile.)*

Yo tengo bien marcado en mi memoria el 2 de noviembre.

¿Y eso, por qué?

Es cuando en mi país celebran el Día de los muertos.

Pero la verdad es que allá ya no existe día especial para recordar a los difuntos. Ya que hay muertos y desaparecidos todos los días del año.

Ese día me recuerda la Bermeja.

¿Qué es la Bermeja?

El panteón de los pobres. En que las cruces están hechas de ramas secas y donde, los que no pueden costear una tumba, entierran sus muertos en tumbas ajenas.

O sea que la gente a veces enflora un muerto que no le pertenece.

Cierto. La Bermeja no tiene comparación con el elegante Cementerio General y el de los Ilustres.

¿Y ésos, dónde quedan?

También en la capital. Ahí están enterradas las familias ricas del país, en tumbas que más bien parecen castillos de mármol, adornadas con estatuas de ángeles y santos.

Pero nada importa cómo y dónde se entierren los muertos. Ahí termina todo.

Ahí se acaban las palabras.

Mi compadre desapareció misteriosamente. Una mañana salió a su trabajo y nunca regresó. Su mujer me pidió que la ayudara a buscarlo.

¿Y dónde lo buscaron?

En todas partes. Fuimos a la Policía Nacional, a la de Hacienda, a la Guardia Nacional, a todos los cuarteles y nadie sabía nada de él.

¿No lo encontraron?

Por fin, en un depósito de cadáveres, logramos identificar el cuerpo. Le habían cortado un brazo. En la Bermeja dijeron que ya no había lugar, que los muertos eran demasiados, ya no cabían en el cementerio.

¿Y dónde lo enterraron entonces?

Tuvimos que darle "mordida" a un sepulturero. Sólo así pudimos enterrarlo en el cementerio.

¿Y cómo se las arregla la gente que no tiene dinero? ¿Qué hacen con sus muertos?

Acumulan los cuerpos en los depósitos. Los tiran en grandes fosas y los queman.

Lo mismo hacían con los judíos en los campos de concentración.

La gente pobre no tiene dinero ni para enterrar sus muertos como Dios manda.

Por eso, cuando recuerdo el Día de los muertos, me invade una gran aflicción. Porque no es un día que me trae recuerdos agradables.

Yo me acuerdo de las hojuelas con miel que hacen para ese día. Son ricas.

Y yo, de las lindas coronas de flores con que la gente adorna las tumbas de sus muertos.

También recuerdo los niños pobres que roban flores y las venden a la entrada del cementerio.

Yo recuerdo las ancianas que llevan las fotos de sus muertos y las ponen encima de las tumbas para llorarlos.

Yo también vi todo eso. Pero, en el Día de los muertos, imagino a mi país como si fuera un inmenso cementerio.

# 48

Los prisioneros vestían pantalones y chaquetas del ejército norteamericano, sobre todo en el invierno, pues carecían de abrigo apropiado para defenderse del frío. Las chaquetas tenían rótulos con los apellidos de antiguos propietarios y, en son de broma, los prisioneros se llamaban unos a otros por tales apellidos. Sonaba cómico para ellos llamar Smith, McDonald o Peterson a un hombre de facciones indígenas, a un mexicano, peruano, o guatemalteco. Los apellidos, en su mayoría irlandeses, escandinavos y polacos, tales como Joyce, Hutchinson y Kosikowski, les resultaban impronunciables.

La primera vez que Calixto y el soldado salieron a caminar por la cancha de fútbol, inmediatamente les indicaron al líder de una de las bandas que controlaba la cárcel, un cubano a quien llamaban Marielón, hombre de baja estatura pero de aspecto musculoso y fuerte.

Calixto y el soldado se dirigieron al casino, anexo al baño de los oficiales, el cual, por razones de seguridad, era el único baño en toda la prisión equipado con espejo. Las estrictas normas de seguridad tampoco permitían cuchillos ni tenedores aun en el comedor. A la hora de consumir los alimentos, a cada prisionero le entregaban una cuchara, la que debía devolver a la salida, de lo contrario no le era permitido abandonar el comedor y lo internaban en una celda, aislado del resto, porque la cuchara podía ser afilada con el fin de usarla como arma y escaparse de la cárcel, como lo había hecho un prisionero cierto tiempo atrás.

Calixto y el soldado advirtieron que Marielón se acercó a un mexicano, y le dijo:

—Oyeme chico, te cuidaré tu dinero, entrégame los cinco dólares, y no te preocupes que yo velaré para que no se te pierdan.

El mexicano se negó y un miembro de la pandilla lo derribó al suelo. Tres inspectores vieron cómo el muchacho era agredido pero no intervinieron. Otros mexicanos también fueron testigos y tampoco defendieron a su compatriota quien, después de recibir golpes y puntapiés, quedó inconsciente sobre la cancha polvosa.

Marielón le robó el dinero y se fue tranquilamente a comprar cigarrillos y chocolates. Los inspectores llamaron a la enfermería para que vinieran a recoger al golpeado.

Desde entonces, la mayoría de prisioneros optó por entregar el dinero cuando Marielón se lo pedía, para evitarse problemas con la temible pandilla.

Calixto y el soldado se encontraban cerca del baño de los oficiales, el que en ese momento limpiaban unos prisioneros. Vieron abierta la puerta del casino y entraron. Dos hombres sentados a una mesa jugaban ajedrez, rodeados de varios curiosos que observaban atentamente. Aunque muchos de ellos no entendían el juego, les parecía atractivo, sobre todo por la forma de las piezas, y comentaban:

—Mirá ese caballo.

—Mirá esa torre.

En otras mesas jugaban a las cartas, dominó y damas, pero nadie les hacía rueda porque les parecían juegos comunes y aburridos, en cambio encontraban novedoso el ajedrez.

Calixto y el soldado caminaron por entre las mesas, escucharon los comentarios y luego salieron a la cancha. Calixto vio a los "talacheros" que limpiaban el baño de los oficiales, y le llamó la atención el hecho de que ahí hubiera un espejo.

Varios oficiales uniformados, equipados con pistolas y radio-transmisores, custodiaban los alrededores, los que también eran vigilados por cámaras.

Por los parlantes, instalados en las esquinas de la cancha y en varios puntos de la prisión, se anunciaban los usuales mensajes:

"¡Eulalio Pérez, preséntese a la oficina, tiene una llamada de Houston de parte de sus familiares!"

Los compañeros del prisionero se alegraban por él y lo felicitaban, propiciándole palmadas en la espalda y estrechándole la mano porque tal vez ésta era la llamada telefónica clave para su libertad.

La banda de Marielón había agredido al mexicano a las diez y media de la mañana, y al mediodía andaba nuevamente quitándole el dinero a todo mexicano que encontraba, a quienes tenían identificados, sobre todo a un grupo originario de Zacatecas al que pertenecía el golpeado. Cerca de veinticinco de ellos habían sido capturados en la frontera, gente simple y callada que no quería meterse en problemas. Dejaron su tierra impulsados por el deseo de trabajar y hacer dinero suficiente para el sustento de sus familias. En general los prisioneros eran de origen humilde procedente de muchas partes de México, Centro y Sur América, y de la zona del Caribe. Extrañamente, en El Corralón también se encontraban detenidos muchos hindúes, vietnamitas y coreanos. Todos los prisioneros, no importaba su origen, tenían una terrible historia personal: En un tiempo, tripulantes de una caravana que remontó una dramática odisea hacia las vastas tierras del Norte; después, náufragos de un barco que se hundió en el río Bravo cuando cruzaba la frontera.

Marielón, seguido de sus secuaces se acercó a Calixto.

—Oyeme chico, invítame a una Coca-Cola.

—Sí, como vos digás —dijo Calixto al tiempo que le entregaba dos monedas de veinticinco centavos—. Yo no quiero problemas con nadie.

El cabecilla sonrió maliciosamente, tomó las monedas y se retiró. Diez minutos después regresó.

—Ten cuidado, eh. Es muy peligroso cargar dinero en este lugar. Mejor entrégamelo y yo te lo voy a cuidar.

Los miembros de la pandilla lo rodearon. Calixto pensó que lo mejor era entregar el dinero para no crearse problemas. "Total," se dijo, "yo no fumo ni necesito tomar Coca-Cola."

En el preciso momento en que se metía la mano en el bolsillo para sacar el dinero, alguien le asestó un tremendo empujón por la espalda que lo hizo caer de bruces y enterrar la quijada en el polvo del patio. Inmediatamente después recibió fuerte puntapié en una pierna.

Calixto logró incorporarse y en un par de saltos entró en el baño de los oficiales, el que estaba como a diez metros y, con el codo protegido por la manga de la gruesa chaqueta verde olivo, quebró el espejo del gabinete, agarró un pedazo de vidrio como de cinco pulgadas de largo y esperó agazapado en el interior semioscuro, junto a la pared cerca de la entrada.

Cuando Marielón, anunciado por el seco taconeo de sus botas de campaña, entró en busca de Calixto, éste, a ciegas y sin buscar un lugar determinado, con el vidrio le pegó un rayón, el que cruzó la cara del hombre, causándole una herida que partió del mentón, pasó por los labios, la nariz y terminó en un ojo.

Marielón retrocedió y cayó de espaldas en las gradas de la entrada del baño y rodó al patio de tierra, lanzando fuertes gritos de dolor y cubriéndose la cara.

De inmediato, varios de los que se encontraban en los alrededores y seguían atentamente el encuentro, cayeron encima de Marielón asestándole puntapiés y puñetazos. Los pandilleros intentaron contrarrestar el ataque en defensa de su líder, pero inmediatamente los de Zacatecas se lanzaron al combate en venganza del oprobio sufrido por su compatriota.

Cuando los inspectores llegaron a establecer el orden, algunos secuaces de Marielón salieron en carrera. Calixto soltó el vidrio y se retiró del lugar, seguido del soldado, deteniéndose en el extremo opuesto de la cancha para observar desde ahí la conmoción que se había creado en la prisión por causa de la pelea.

Mientras tanto, varios miembros de la pandilla de Marielón yacían inconscientes sobre la polvareda, cerca del cabecilla que sangraba profusamente.

# 49

Compañera Tzu-Nihá:

Le escribo en nombre del compañero Tzi-Vihán. Es decir, en
memoria de él, porque nuestro compañero es ahora un héroe que
cayó en la lucha por nuestro pueblo. Yo combatí a su lado hasta el
final del difícil operativo y puedo decirle que murió como los grandes, peleando, fusil en mano, sin ceder un paso al enemigo, gritando
consignas de batalla y pronunciando los nombres de nuestros héroes
del pasado y, estoy seguro, pensando en su amor.

El compañero Tzi-Vihán fue enterrado con todos los honores
reservados a los héroes. Cuando yo muera, quiero hacerlo como lo
hizo él, con la frente en alto, confrontando al enemigo, derramando la
sangre por nuestro pueblo oprimido y desposeído. He aquí la letra
de "Milonga de un fusilado" que entonamos en su funeral, para que
usted la guarde en memoria de nuestro compañero.

> "No me pregunten quién soy
> ni si me habían conocido,
> los sueños que había tenido
> crecerán aunque no estoy.
> Ya no vivo pero voy
> en lo que andaba soñando.
> Los que aún siguen peleando
> harán nacer otras rosas,
> en el nombre de esas rosas
> todos me estarán nombrando.
> No me recuerden la cara
> que mi cara fue de guerra

que mi cara fue de guerra
mientras hubiera en mi tierra
necesidad de que odiara,
y en el cielo que velara
sabrán cómo era mi frente.
Me oyó reír poca gente
pero mi risa ignorada
la hallarán en la alborada
del día que se presiente.
No me pregunten la edad
tengo los años de todos
yo elegí entre muchos modos
ser más viejo que mi edad.
Y mis años de verdad
son los tiros que he tirado,
nazco en cada fusilado
y aunque el cuerpo se me muera
tendrá la edad verdadera
del niño que ha liberado.
Mi tumba no anden buscando
porque no la encontrarán,
mis manos son las que van
en otras manos tirando.
Mi voz la que está gritando
mi sueño el que sigue entero
y sepan que sólo muero
si ustedes van aflojando
porque el que murió peleando
vive en cada compañero."

# 50

FISCAL: Hm . . . ¿Y salieron en bus?

TERESA: Sí.

FISCAL: ¿Usted trabajaba?

TERESA: Sí.

FISCAL: ¿Qué tipo de trabajo hacía y aproximadamente cuánto le pagaban?

TERESA: Trabajaba de cortar y limpiar en los campos durante la temporada de la cosecha.

FISCAL: ¿Cuánto le pagaban al día o a la semana?

TERESA: Cinco pesos al día.

FISCAL: ¿Sabe cuánto sería eso en dólares?

TERESA: Como un dólar.

FISCAL: Su solicitud dice que aparentemente una de las razones por las cuales salió o uno de sus problemas era que el trabajo era muy incierto de un día a otro en su país, ¿es cierto?

TERESA: No, el motivo verdadero era por la ayuda que les dábamos a los guerrilleros, lo cual representa un peligro si regreso.

FISCAL: ¿Pues la declaración en su solicitud es verdadera o es falsa?

TERESA: Bueno, eso es verdad, no hay tanto trabajo. Uno trabaja allá, sólo para la comida, eso es todo, pero el motivo no es ése. Es que mi vida peligra si regreso a mi país, por la única razón de haberle ayudado a los guerrilleros.

FISCAL: En el área donde vivía, ¿los guerrilleros no tomaban agua cuando querían?

TERESA: No, era un pozo y si no tenían un balde para poner en el pozo para sacar el agua, no lo podían hacer así que robaban barriles o baldes que teníamos por allí. De otra forma, no podían hacerlo.

FISCAL: Bien, ¿era el pozo de su abuela o era un pozo de la comunidad?

TERESA: Estaba a unos tres kilómetros de la aldea donde vivíamos.

FISCAL: Así que el agua que los guerrilleros tomaban era agua que ustedes y otras personas del área habían acarreado desde el pozo de la comunidad.

TERESA: Así es.

FISCAL: ¿Usted ha trabajado en este país?

TERESA: Sí.

FISCAL: ¿Qué tipo de trabajo?

TERESA: Limpiando oficinas.

FISCAL: ¿Cuánto gana por día?

TERESA: Tres dólares con treinticinco centavos era lo que me pagaban.

FISCAL: ¿Por hora o por día?

TERESA: Por hora.

FISCAL: ¿Usted sabía que era ilegal entrar en este país sin inspección.

TERESA: Sí.

FISCAL: ¿Así que ése es el único delito que usted ha cometido?

TERESA: Sí.

FISCAL: Su abuela, o los abuelos de su esposo, ¿han sido arrestados o han tenido algún problema con los militares en El Salvador?

TERESA: No, no sé.

FISCAL: ¿Han tenido ellos algún tipo de problema con los guerrilleros, aparte de que ellos tomaban el agua?

TERESA: No, no sé.

FISCAL: Para asegurar que he entendido bien: entendí que usted dijo que su esposo había desertado del servicio militar en vez de renunciar, ¿le entendí correctamente?

TERESA: El salió porque fue amenazado, porque lo amenazaron; de otra forma, no habría salido.

FISCAL: Bien, ¿pero nunca pidió permiso al ejército para abandonar el servicio militar?

TERESA: No.

FISCAL: ¿Así que usted cree que según el ejército él está muerto?

TERESA: Sí señor.

JUEZ: Señor fiscal, lo voy a interrumpir ahora a usted también. Simplemente no quiero escuchar más sobre este esposo. Creo que esto se ha trabajado suficientemente bien. La única pregunta inteligente que yo quería hacer, la cual le pasaré a usted, es cómo se llama ese tipo.

FISCAL: ¿Cómo se llama su esposo?

TERESA: Secenio González.

FISCAL: ¿Cómo se escribe?

TERESA: ¿Cómo se escribe Secenio?

FISCAL: Sí.

TERESA: No sé. No puedo escribir.

FISCAL: ¿Con "s" y luego "c", o con "c" primero y "s" después?

TERESA: "S" y "c" creo yo.

FISCAL: Entiendo de su solicitud que nunca ha sido usted miembro de ninguna organización aquí, allá ni en ninguna otra parte?

TERESA: No entiendo la pregunta.

FISCAL: ¿Fue usted alguna vez miembro de alguna organización, así como un club, una sociedad, un sindicato, un partido político?

TERESA: No.

FISCAL: ¿Usted entró en este país con la ayuda de un coyote o entró de alguna otra manera?

TERESA: Con la ayuda de un coyote.

FISCAL: De su testimonio, parece que las condiciones en su país son peligrosas. ¿Es un resumen justo?

TERESA: Sí.

FISCAL: Y parece que muchas personas están en una situación muy incómoda, ¿no es así?

TERESA: Sí.

FISCAL: Usted ha testificado que si tuviera que salir, se iría. ¿Adónde iría?

TERESA: Yo no quisiera salir a ningún lado, pero obedeceré la orden del juez.

FISCAL: Ya no tengo más preguntas, señor juez.

JUEZ: Señora Smith, ¿tiene usted alguna otra pregunta para la acusada?

ABOGADA: Creo que tengo sólo una pregunta más . . . Teresa, ¿sabe usted cuántos meses más debía de haber servido en el ejército su esposo en el momento en que salió?

TERESA: Creo que ocho meses, pero no estoy muy segura.

ABOGADA: No tengo más preguntas, señor juez.

JUEZ: Gracias, Teresa, puede regresar a su asiento. Señora Smith: ¿Tiene usted más testigos o pruebas?

ABOGADA: No, señor juez.

JUEZ: ¿Señor fiscal?

FISCAL: Ningún otro testigo ni pruebas, señor juez.

# 51

*(Cocina. Calixto, Cali, Caremacho, Juancho, Chele Chile.)*

Anoche estuve donde don Chencho.
¿El curandero?
Ese mismo.
¿Y qué fuiste a hacer ahí? Ese viejo es brujo.
No, hombre. Si vieras qué bien cura. Una prima de mi mujer se zafó un pie en el trabajo y se le hinchó.
Hubieran ido al hospital.
No, en el hospital hacen más preguntas que un cura confesor. Te hacen esperar por horas y horas para no darte ni siquiera una aspirina.
Es cierto. Un amigo tuvo un accidente y lo llevaron al hospital, y los doctores no quisieron atenderlo porque no tenía seguro médico. Perdió tanta sangre que el pobre quedó anémico.
(Chele Chile, con decepción.)
Aquí los hospitales son un desastre.
Por eso la prima de mi mujer prefirió ir donde don Chencho. Y el hombre le dio una sobada que le bajó la hinchazón del pie y al día siguiente ya caminaba sin problemas, no dejó de trabajar ni un solo día.
¿Y cuánto le cobró?
Quince dólares.
Un doctor le cobraría por lo menos cincuenta. Y le haría un tratamiento complicado.
Le prohibiría trabajar por una semana.
Y ella sale perdiendo. Porque en el lugar donde trabaja no tienen beneficios médicos, y el que falta aun por enfermedad no devenga un sueldo.
¿Y tú, Calixto, por qué fuiste donde el curandero? ¿Estás enfermo?

Yo no. Una señora que vive en la casa de mi primo sufre de fuertes dolores de espalda, y me pidió que la acompañara. Ella ha consultado varios médicos pero sólo le recetan pastillas caras que no le hacen ningún efecto.

¿Y el curandero, qué le recetó?

Bueno, primero le dio una sobada. Luego un líquido que él prepara para que bebiera después de la comida. Una agua verde.

¿No será agua de ruda?

Quién sabe. Pero lo cierto es que la señora tiene fe en que le va a sanar el dolor.

Un amigo me contó que al curandero llevaron un hombre que en el hospital le descubrieron un gusano podrido en el cerebro. Dijeron que sus días de vida estaban contados.

¿Y qué tratamiento le dio el curandero?

Dijo que aquí no podía hacer nada. Pero que si estuviera en su país sí que lo curaba, porque allá tenía todas las hierbas a su disposición.

Al curandero viene gente de todas partes. Hasta de Nueva York dicen que vienen directamente a consultar con él.

Antes vivía en Maryland. Y era tanta la gente que lo buscaba que ya no cabía en la casa. Pero los doctores del vecindario, celosos porque la gente no llegaba a consultarlos a ellos que tenían grandes títulos en medicina, sino a un humilde hombre que ni siquiera hablaba inglés, lo denunciaron y la policía lo arrestó.

¿Lo metieron preso?

Lo dejaron libre bajo la condición de que no siguiera curando, porque en este país sólo los médicos tienen licencia para eso.

¿Y entonces qué paso con el curandero?

Se vino para Washington. Y hasta aquí lo ha venido siguiendo la gente. Y hoy tiene más clientes que antes. La gente tiene fe en él y se cura.

Unos dicen que es brujo, y que ha hecho pacto con el diablo. Pero don Chencho dice que él simplemente tiene un don de Dios que lo ha puesto al servicio de los pobres que, lejos de su tierra y de sus costumbres, sufren y no tienen el dinero ni el tiempo para consultar doctores que no les entienden su idioma ni sus enfermedades.

# 52

En El Corralón, usualmente cargaban las máquinas abastecedoras de gaseosas, cigarrillos y dulces el jueves. Ese día también visitaban la prisión un médico y una enfermera, única oportunidad en que los enfermos podían ser examinados. Pero en aquella ocasión, tratándose de una emergencia, vino una ambulancia con varios enfermeros y se llevaron a Marielón y a nueve de su pandilla.

Según la investigación de los inspectores, los culpables de lo sucedido fueron Calixto, el soldado, tres mexicanos y otros salvadoreños, a quienes encerraron en una celda conocida como La Loba, un cuarto pequeño sin ventanas, de una sola puerta y ventanilla con rejas, por la que introducían el alimento a los detenidos.

La Loba había sido construida con bloques de concreto, pintada de un color amarillo pálido. El ambiente en el interior era húmedo, lúgubre y pestilente. Una vieja banca de madera representaba el único mueble. La letrina estaba al descubierto en una esquina.

Un mexicano comentó:

—La semana pasada, en esta celda murió un dominicano que fue golpeado por la pandilla de Marielón.

—Sí —afirmó otro—. Se había estado quejando del abuso que sufría, pero los inspectores no le prestaron atención.

—Nadie le hizo el menor caso.

—Hasta que una vez le aplicaron tremenda paliza. Y para aislarlo de ellos, los inspectores decidieron meterlo aquí en La Loba, donde el hombre falleció.

Calixto y compañía estuvieron internados en aquella celda dos días, luego los llevaron ante un juez y éste declaró que la ofensa cometida les ameritaba comparecer ante una corte menor, y que tenían derecho a un abogado. La corte asignó un abogado quien, sin rodeos, les explicó la situación:

—Si la fianza que les han asignado no llega dentro del período establecido por el juez en el primer juicio, después de que fueron capturados al pasar la frontera ilegalmente, ustedes pasarán a una corte menor y seguramente serán condenados a un año y medio de prisión en una cárcel regular, junto con verdaderos criminales. Así que les conviene presionar a sus familiares y amigos para que paguen la fianza cuanto antes.

# 53

## UN MILLÓN DE SALVADOREÑOS EN LOS ESTADOS UNIDOS

La quinta parte de la población de El Salvador vive en los Estados Unidos, reveló una investigación realizada por el sociólogo Segundo Montes de la Universidad Centroamericana José Simeón Cañas de este país, la que también demostró que nuestros compatriotas que viven en la nación norteña envían más de un billón de dólares anualmente a los familiares en su tierra natal.

Representa el más extenso análisis que se haya hecho hasta ahora sobre la emigración salvadoreña, el cual se fundamenta en encuestas realizadas en 1986 y 1987 de 2.000 familias en El Salvador y 1.300 que residen en los Estados Unidos entrevistadas en embajadas y organizaciones de la comunidad. Se calcula que en el área de Washington D.C. residen de 80.000 a 150.000 salvadoreños, la segunda mayor concentración después de Los Ángeles.

De acuerdo con la investigación, nuestros paisanos del Norte envían un promedio de 113 dólares mensualmente, un total de 1.3 billones de dólares anuales, lo cual representa uno de los tres más fuertes rubros monetarios de este país, mayor que la asistencia económica de los Estados Unidos y las ganancias de la exportación de café.

En su mayoría, las remesas son canalizadas a través de casas de transferencias no oficiales, las que están fuera del control de la banca salvadoreña. El dinero es principalmente invertido en vivienda, alimentos y artículos de consumo general.

El estudio afirma que las remesas permiten que la economía de nuestro país se mantenga a flote. También establece que tres cuartas partes de los salvadoreños emigraron al Norte después de 1979, cuando la guerra civil se intensificó. Casi la mitad, o el 48.8 por ciento, emigró después de enero de 1982.

El análisis igualmente trata de determinar el motivo del éxodo. De acuerdo a las encuestas, el 36 por ciento que emigró después de 1980 lo hizo por razones económicas, el 28.5 por ciento por razones políticas, y el 20 por ciento por ambas razones.

## Mario Bencastro

El 46 por ciento de los entrevistados desea regresar a su país eventualmente, y el 54 por ciento se propone legalizar su residencia en los Estados Unidos.

Otras partes del mundo a las que los salvadoreños han emigrado son Brasil, Panamá, Costa Rica, Nicaragua, Honduras, Guatemala, México, Canadá y Australia. Asimismo, se han registrado pequeñas comunidades salvadoreñas en Japón, España, Francia, Suecia y Alemania.

*La Tribuna*
San Salvador, 4 de junio de 1988

# 54

*(Cocina. Calixto, Chele Chile, Cali, Juancho, Caremacho.)*

Este frío lo hace a uno andar con el montón de ropa encima. En mi pueblo, yo andaba hasta sin camisa, y descalzo. Lo único que no me faltaba era el machete, mi eterno compañero.

¿Nunca te separabas de tu machete?

En mi pueblo prefería andar descamisado y descalzo pero nunca sin el machete; porque sin él sí que me sentía completamente desnudo, expuesto a todo peligro.

¿Y ahora, cómo haces? En este país no es permitido portar machete.

Yo estaba dispuesto a traérmelo. Pero las condiciones en que vine a este país no me lo permitieron.

Comprate uno para Navidad. Conozco una tienda aquí en Washington que los vende.

Los regalos de Navidad que me preocupan son los de mi familia. A mi mujer pienso mandarle un par de zapatos, y a mis hijos juguetes, aunque para eso tenga que conseguirme un "partai".

(Cali, intrigado.)

¿Qué es un "partai"?

Un trabajo extra, o un trabajo a medio tiempo.

Ah, tú quieres decir "part-time".

Sí.

Pues sí, Calixto, entonces ya sabés lo que le vas a regalar a tu familia para Navidad. Ahora sólo te falta encontrar un trabajo extra para conseguir la plata.

Aquí los niños quieren esos juguetes que anuncian día y noche por la televisión, como pistolas, rifles, tanques, barcos y aviones de guerra. Son juguetes caros.

Son juguetes modernos. No son como los de nuestra infancia.

Los que yo tuve, aunque simples y baratos, eran verdaderos juguetes.

Yo me sentía contento con un caballo de madera.

El juguete que yo más recuerdo es un lagarto de madera. De aquellos que tenían muchos colores y que al jalarlos con un cordel movían la cola para ambos lados.

Actualmente no es así. Los juguetes de ahora son réplicas exactas de complicados armamentos de guerra.

En mi pueblo la gente se vuelve loca celebrando la Navidad y el Año Nuevo.

Los niños se divierten reventando toda clase de pólvora.

Los hombres se emborrachan. Y las mujeres se lucen cocinando la cena de Navidad.

Y en las iglesias, a las doce de la noche celebran la Misa del Gallo.

Además, el clima es agradable. No es como aquí que hace un gran frío y hay que permanecer encerrado entre cuatro paredes en mera Navidad.

¿Y la gente pobre que no tiene para celebrar, qué hace?

En mi pueblo todo el mundo era pobre. Pero, aunque fuera de fiado, poníamos un Nacimiento.

Todo el país como que se pone de acuerdo para hacer a un lado las penas, y entrar en la tregua de Navidad. Las radios cantan las acostumbradas canciones, como aquella que dice:

"Campanitas que van repicando,
Navidad van alegres cantando,
ya se escuchan los dulces recuerdos,
del hogar bendito donde me crié,
Navidad, Navidad . . .
Y qué triste es andar en la vida
por tierra perdida, lejos del hogar,
y escuchar una voz cariñosa
que dice amorosa 'llegó Navidad'."

Pero, a veces, mientras todo el mundo gozaba de las fiestas navideñas, mi familia pasaba grandes penas. Pues yo, sin trabajo, no tenía dinero para comprarles a mis hijos ni un carrito de madera. Por eso, ahora que puedo, les voy a mandar buenos juguetes para que se diviertan.

# 55

José logró establecer comunicación con Toño, quien para entonces residía en Washington D.C. y le prometió prestarle el dinero para pagar la fianza. Cuando relató a varios prisioneros la noticia de que pronto sería puesto en libertad, inmediatamente muchos de ellos se dieron a la tarea de escribir cartas, rogándole se pusiera en contacto con sus familiares al salir de El Corralón.

La forma directa de saber quién dejaba la cárcel era la metálica voz de los parlantes, que en el día menos esperado sorprendía a un prisionero, y anunciaba:

"¡Cayetano Martínez, presentarse a la oficina!"

Esto desataba una andanada de felicitaciones y, en cosa de segundos, muchos escribían con premura un nombre y un número de teléfono, y le entregaban el papel al que se iba, poniendo en él todas las esperanzas de libertad. Tal forma era, a veces, la única posibilidad de que los familiares o amigos del detenido supieran que se encontraba en aquella cárcel.

En El Corralón se escuchaban toda clase de historias, simples unas e increíbles otras. Ahí se llegaba a conocer la vida de todos los prisioneros.

Los que no hablaban español sufrían el rigor de la incomunicación, como los que procedían de las islas del Caribe, Jamaica y Haití, o de China, India, Corea y Vietnam. En El Corralón se escuchaban muchos idiomas, pero predominaba el español.

Un antiguo guía explicó a Calixto que la ruta de entrada de los hindúes indocumentados era Canadá y Nueva York. Pero algunos prisioneros aseguraban haber visto grandes cantidades de hindúes y chinos en Guatemala, los que posiblemente viajaban por mar, desembarcaban en puertos de Centro América y luego por tierra pasaban a México. Otros afirmaban que, usualmente, estos indocumentados viajaban por avión de la India hacia Inglaterra, y de allí a Canadá o Nueva York.

La presencia de prisioneros de diversos orígenes y lenguas atestiguaba sobre el hecho de que hombres y mujeres procedentes de los más remotos rincones del planeta viajaban por cielo, mar y tierra y se las ingeniaban para entrar en los Estados Unidos.

Uno de los personajes más populares era Charro, un mexicano que afirmaba que ya no podía aprender nada de la vida. Había cruzado la frontera por todos los puntos, conocidos y desconocidos.

—Ahora me pueden ver prisionero, pobre, miserable, pero en cinco años seré millonario. Sólo tengo que salir de esta maldita prisión. Esta es sólo una situación pasajera de mala suerte.

Con mucha seriedad entregaba tarjetas de presentación a los prisioneros.

—Cuando salgan de la cárcel, búsquenme. Estoy a sus órdenes para cualquier cosa.

Charro daba consejos y todo el mundo escuchaba con atención por considerarlo el prisionero de mayor experiencia en la difícil situación de ciudadano errante e indocumentado.

Otro personaje notorio era Turco, un verdadero negociante. Sabía exactamente quiénes eran los prisioneros que habían ingresado en El Corralón ese día. Por la noche, a la hora de dormir, se ponía a sus servicios.

—¿Quieres que te consiga una almohada? ¿Doble frazada?

Se desplazaba por el dormitorio y, al notar a alguien dormido, con cuidado le zafaba la almohada, a otro una frazada, hasta que completaba el pedido, por el que cobraba dos dólares. Era capaz de conseguir cualquier cosa. Jabón de baño, pasta dental.

—Si quieres trabajo, yo te lo consigo.

Charro y Turco eran amigos íntimos, siempre eran los últimos en comer y en irse a dormir. Cuando sonaba la alarma a la hora de la comida, los prisioneros se disputaban los primeros lugares en la fila, pero Charro y Turco se quedaban al final y, al tiempo que fumaban tranquilamente, gritaban:

—¡Esos mordelones!

Sabían muy bien que, independiente del turno, había suficiente comida para todos. Eran los prisioneros más antiguos. Nadie conocía, ni ellos comentaban, el motivo de su encarcelamiento. Pero de acuerdo a la mayoría, sufrían las consecuencias por traficar con indocumentados.

# 56

JUEZ: La acusada es una extranjera de veinte años de edad, nativa y ciudadana de El Salvador, quien en febrero del presente año fue capturada por agentes del Servicio de Inmigración momentos después de haber ingresado en los Estados Unidos sin ser antes debidamente inspeccionada por un oficial de Inmigración de este país.

En esa misma fecha, se le entregó una Orden de Comparecencia con el cargo de que ella podía ser deportada bajo la sección 241(a)(2) de la Ley.

La acusada sometió el formulario I-589 para efectuar la anulación de la deportación bajo las secciones 208(a) y 243(h) de la Ley. Esa solicitud es denominada Prueba 2 y ha sido admitida en el archivo. Bajo 8 C.F.R. 208.10(b), la solicitud fue enviada al Departamento de Estado para que la revisara bajo esa provisión. La carta del Departamento aparece como Prueba 3 en este procedimiento. La carta está en evidencia por encima de la protesta de la abogada de la acusada. La Corte ha admitido este documento como es requerido y es una base para una audiencia de asilo bajo la sección 8 C.F.R. 208.10(b). El contenido de la prueba, en la opinión de la Corte, se relaciona con el peso y no con el asunto de admisibilidad.

La acusada, por medio de su abogada, admitió la verdad de las alegaciones de la Orden de Comparecencia, accedió a ser deportada si así lo decidía esta corte, y se negó a designar un país de deportación. El subscrito Juez de Inmigración designó El Salvador. La Orden de Comparecencia está marcada como Prueba 1 a este procedimiento y ha sido admitida en el archivo.

La Prueba 4 es una prueba combinada, entregada por la acusada con el primer documento titulado "Americas Watch". Estos documentos han sido admitidos en el archivo como Prueba Combinada 4. La Prueba Combinada 5 es un artículo del periódico "Arizona

Republic", junto con dos documentos más que han sido admitidos en el archivo. Las dos pruebas, 4 y 5, fueron admitidas sin ninguna protesta del fiscal.

Para ser elegible para la no-deportación bajo la Sección 243(h) de la Ley, los hechos de un extranjero tienen que demostrar una probabilidad clara de persecución en el país designado para la deportación por razones de raza, religión, nacionalidad, membrecía en un grupo social específico u opinión política. Casos citados: INS v. Stevic, 104 S.Ct. 2489 (1984) y Bolaños-Hernández v. INS, 749 F.2d 1316 (9th Cir. 1984). Esto quiere decir que los hechos del caso del solicitante tienen que establecer que es probable que sería perseguido por una o más de las razones especificadas. (INS v. Stevic.)

Para ser elegible para el asilo bajo la Sección 208(a) de la Ley, un extranjero tiene que reunir los requisitos de la definición de refugiado, la cual requiere que compruebe persecución o un miedo bien fundamentado de persecución en un país específico por razones de raza, religión, nacionalidad, membrecía en un grupo social específico u opinión política. Sección 101(a)(42)(A) de la Ley. El Noveno Circuito ha concluido que el estándar del miedo bien fundamentado y el estándar de clara probabilidad son diferentes de una manera significativa y que aquélla es más generosa que ésta. Cardoza-Fonseca v. INS, 767 F.2d 1448 (9th Cir. 1985), Bolaños-Hernández v. INS. Al describir la cantidad y tipo de pruebas requeridas para establecer que un temor de persecución es bien fundamentado, el Noveno Circuito establece:

"Los solicitantes tienen que señalar hechos objetivos específicos que apoyen una inferencia de persecución en el pasado o del riesgo de persecución futura. El hecho de que los hechos objetivos se establezcan por el testimonio creíble y merecedor de creer que el solicitante no hace que esos hechos sean menos objetivos. Meras afirmaciones o temor posible todavía no son suficientes. Shoaee v. INS, 704 F.2d 1079 (9th Cir. 1983).

Es solamente después de que pruebas concretas suficientes para sugerir un riesgo de persecución hayan sido presentadas que los temores subjetivos del extranjero y sus deseos de evitar un regreso a la situación llena de riesgos en su tierra natal vienen al caso."

La evidencia parece, francamente, establecer un caso para el esposo, más que para la acusada. No hay ningún testimonio de que la acusada fuera alguna vez amenazada por ninguna de las razones establecidas por la Ley mientras ella estaba en su país.

Además, se nota que todos los miembros de la familia aparentemente están bien. Es sin duda cierto que estas personas viven bajo condiciones de guerra, las cuales según los comentarios de los medios noticiosos están mejorando a diario; sin embargo, no creo, basado en la evidencia que he escuchado, que esta acusada pueda entrar en un caso válido para el asilo.

Hay evidencia, obviamente, de motivos económicos que han sido presentados por el fiscal. La acusada ganaba un dólar al día allá mientras que ahora gana tres dólares con treinticinco centavos por hora en este país. Esta evidencia, en mi opinión, es irrelevante a los asuntos esenciales que han sido desarrollados con respecto al caso de asilo en sí.

La acusada ha solicitado la salida voluntaria en vez de la deportación como remedio alterno. Esa solicitud será concedida por la Corte.

Basado en las admisiones de la acusada, encuentro que ella es deportable bajo el cargo contenido en la Orden de Comparecencia. La siguiente orden se expedirá en este caso:

## ORDEN

SE ORDENA que la solicitud de asilo de la acusada bajo la Ley de Refugiados de 1980 sea negada.

SE ORDENA ADEMÁS que su solicitud para la no-deportación bajo la Sección 243(h) de la Ley de Inmigración y Nacionalidad sea negada.

SE ORDENA ADEMÁS que a la acusada se le conceda salida voluntaria sin ningún costo para el gobierno dentro de 31 días de la fecha de esta decisión o de cualquier extensión más allá de esa fecha que le conceda la Directora del Distrito, y bajo las condiciones que ella determine.

SE ORDENA ADEMÁS que si la acusada no sale cuándo y cómo le es requerido, que el privilegio de la salida voluntaria sea retirado sin ningún aviso ni procedimiento y la siguiente orden en ese momento se hará inmediatamente efectiva: La acusada será deportada bajo el cargo contenido en la Orden de Comparecencia . . .

Señora Smith, ¿reserva usted su derecho de apelación?

ABOGADA: Sí, señor juez.

JUEZ: Gracias. ¿Señor fiscal?

FISCAL: No, señor juez.

JUEZ: El caso sigue abierto. La acusada reserva su derecho de apelar. Se suspende esta audiencia.

# 57

*(Cocina. Calixto, Juancho.)*

¿Y qué te pasa Juancho? No has dicho nada en toda la tarde como si te hubieras tragado la lengua. ¿Qué te pasa hombre?
(Juancho, malhumorado.)
Nada.
¿Estás enfermo?
No.
Hm, se me hace que algo malo te sucede y no querés decírmelo. Como si no fuéramos amigos. Acordate que somos primos y venimos del mismo pueblo. Siempre estoy dispuesto a ayudarte en cualquier problema.
Gracias Calixto, pero no necesito nada.
¿Se murió alguien en tu familia?
No.
¿Y cómo va la cosa con tu novia, la gringuita que te conseguiste?
Más o menos.
¿Qué quiere decir eso? ¿Bien o mal?
Regular.
¡Ah, se enojó con vos, ¿verdad?
(Juancho suspira.)
No.
¿Te dejó plantado?
¿Qué es eso?
Así se dice cuando una mujer se va con otro.
¿Y cuando el hombre se va con otra mujer?
También.
(Juancho, curioso.)
¿Y cuando el hombre se va con otro hombre?
Se dice lo mismo, me imagino.

Bueno, no estoy seguro, pero anoche que fuimos a una fiesta sucedió algo así.

¿Se fue con otra mujer?

¡No, hombre!

Ah, explicate pues, dejate de rodeos.

Es que, en vez de platicar conmigo, al contrario, se la pasó hablando y bailando con otros, como si yo no estuviera presente. Quizás se cansó de comunicarse por señas, ya que vos no hablás inglés ni ella habla español.

Siempre nos hemos entendido a media lengua, pero anoche fue diferente.

¿Y cómo te sentistes?

Bien raro, confundido. Como si ya no me aceptara como soy.

¿Y qué pasó al final de la fiesta?

Sólo me dio a entender que un amigo la iba a llevar a su casa.

¿Y vos qué hicistes?

Di la vuelta enojado y me subí al carro.

¿Al Trans Am?

Sí, acelerado por toda la calle 16, como alma que llevaba el diablo.

¡A la . . .!

Hasta que un policía me detuvo y me dio un "ticket". Tengo que ir a la Corte en dos semanas. Imagino que me van a multar, por pendejo.

Si es que no te suspenden la licencia.

¡Sí, hombre!

¿Y después, qué hicistes?

Me fui al apartamento y, como todos los que viven allí andaban trabajando, no había nadie con quien platicar. Entonces me entró una gran desesperación y me bebí tres "six-pack" de cerveza.

¡Dieciocho cervezas! ¡Te pusistes una gran borrachera!

Sí hombre, con el tocadiscos a todo volumen, oyendo aquella canción que dice:

(Canta.)

"Te engañaron corazón por ser honrado,
entregaste tu querer a un ser malvado . . ."

Yo creo que el problema es que vos te enamoraste de ella, pero ella no se enamoró de vos. Y así no trabaja el asunto.
(Juancho continua cantando.)

"Te juraron que te amaban locamente,
y hoy te dicen no te quiero simplemente . . ."

No te preocupés Juancho. Te voy a llevar donde vive una paisana que acaba de venir, hace unos días cruzó la frontera. Es del cantón Ojo de agua, vos la conocés.
(Juancho, de pronto interesado.)
¿Quién es?
Una prima de mi mujer.
¿Que no es Trinidad?
No, se llama Azucena.
¡Ah, la hermana de la Ermigia!
Sí, ella.
¡Ja, esa sí que está buena!
Pues llegó hace poco.
¿Y dónde vive?
En Silver Spring, Maryland.
¿Y cuándo vamos?
¡Un momento! Tranquilo, porque las latinas no son fáciles. Con ellas hay que ir con calma, sobre todo cuando traen las costumbres de nuestros pueblos.
Es cierto. Son ariscas.
¡Ariscas pero buenas!
(Ríen. Juancho finalmente recobra el buen humor y la jocosidad de costumbre.)
¿Y cuándo vamos? No te hagás el rogado.
Mañana domingo.
¡Qué bien! Ojalá no se me vaya a adelantar otro prójimo.
Lo que es de uno nadie se lo quita.
(Los dos amigos continúan lavando los platos sucios que se han acumulado hasta formar un enorme cerro. Es sábado, el día de mayor clientela, en que usualmente trabajan hasta las tres de la madrugada.)

# 58

Compañero Tzi-Vihán:

Escribo esta carta aunque sé que ya es muy tarde para que llegue a tus manos. La escribo con la tinta de mis lágrimas, camino al aeropuerto, a tomar el avión que me retornará a nuestra tierra. Sé que es exactamente lo que no debo hacer porque estoy señalada públicamente y mi persona peligra, pero ahora también entiendo que fue un grave error haberme apartado de tu lado, que hubiera sido mejor quedarme y atenerme a las consecuencias, pues es parte de la lucha.

He roto la promesa de no regresar a mi país porque también tú rompiste la promesa de esperarme. Te marchaste al más allá dejándome sola y desamparada como miles de nuestros niños. Por eso regreso, porque mi destino es mi patria, porque respirando el aire de nuestra tierra te estaré respirando a ti, estaré cerca de tu espíritu.

Continuaré la lucha en tu memoria. Porque mientras yo continúe luchando tú estarás vivo. Por eso regreso. Por ti, compañero Tzi-Vihán. Porque voy a ofrecer mi vida a mi pueblo, y acaso tenga la suerte de morir con los mismos honores con que lo hiciste tú, y reunirme entonces contigo, en el más allá, a la diestra de Tepeu y Gucumatz, donde descansan los héroes del pueblo, los guerreros de la luz y de la palabra, los que nos dejaron su alma como herencia eterna; ahí estaré contigo como estuvimos en el estertor de la guerra, en la felicidad de los caseríos liberados; ahí estaremos unidos de nuevo como siempre lo deseamos y lo juramos ante aquel cuerpo inerte del niño que encontramos masacrado y que entre lágrimas de furia y de amor prometimos resucitar en la lucha por la liberación de otros niños que mueren en vida a causa de la opresión y del olvido.

Voy hacia mi tierra y hacia ti. Espérame mi amor. Pronto estaré contigo.

"El pueblo vencerá."

Tzu-Nihá.

# 59

En El Corralón fueron también encarcelados el guía y el motorista que guiaban el vehículo en que viajaba el grupo de Calixto después de haber cruzado la frontera.

El motorista sufrió un trato bastante duro en el momento del arresto. Lo despojaron de la camisa y lo hicieron caminar descalzo en el desierto a pesar de que hacía un frío intenso.

Era la segunda vez que lo arrestaban por traficar con indocumentados. Las autoridades trataron de llegar a un acuerdo con él. Prometieron dejarlo en libertad si revelaba sus contactos. Desde entonces nadie supo más de él. Días después apareció en El Corralón. De inmediato entabló amistad con Charro y Turco. Calixto y el soldado asumieron que posiblemente ya se conocían.

Otro personaje curioso era Cura, antiguo estudiante de sacerdocio quien de repente, como si fuera iluminado, empezaba a predicar. A la hora de la comida rezaba una oración en voz alta ante el abucheo y los insultos de los prisioneros. Recorría la prisión con una biblia bajo el brazo.

Un día a la semana, a El Corralón venían pastores evangelistas a predicar "la palabra de Dios" y a enseñar principios cristianos a los prisioneros. Al inicio de la prédica, un reducido grupo que incluía a Cura escuchaba atentamente, pero al cabo de diez minutos muchos perdían el interés y se retiraban. Sólo quedaban Cura y los pastores, y se enfrascaban en complicados argumentos sobre la existencia de Dios.

El sentimiento de solidaridad estaba bien arraigado entre los prisioneros, sobre todo entre los latinoamericanos. En la noche, cuando apagaban las luces de los dormitorios, relataban la historia de su vida.

Un grupo de mexicanos acostumbraba cantar en susurros, y sus canciones tristes recorrían el ambiente oscuro del dormitorio, y revivía la nostalgia por sus tierras y personas queridas, lejos entonces, al sur de la frontera. Entonaban canciones rancheras, y la más popular, "La golondrina", era como el himno nacional de aquellos prisioneros, cuya letra se escuchaba todas las noches.

"¿A dónde irá veloz y fatigada
la golondrina que de aquí se va?
Y contra el viento vuela angustiada
buscando abrigo y no lo encontrará.
Junto a mi lecho le pondré su nido
oh Cielo Santo y no lo encontrará.
También yo estoy en la estación perdido
oh Cielo Santo y sin poder volar."

A media voz contaban historias personales, testimonios que hablaban de una familia fragmentada y una tierra abandonada, de un viaje colmado de mil peripecias que pocos lograban realizar para finalmente entrar en el ansiado paraíso del Norte.

El cuchicheo de los prisioneros y sus relatos terminaban a veces a las dos de la madrugada. Parecía que todos y cada uno tenía la urgente necesidad de contar algo. El silencio era su peor enemigo, que los consumía internamente y los desesperaba, por lo que la solidaridad y la comprensión eran las más altas expresiones de amistad entre ellos. Todos necesitaban al menos alguien que los escuchara.

# 60

*(Un concurrido y bullicioso bar. Juancho, Calixto y Caremacho depar-*
*ten alegremente. La cinquera canta rancheras, cumbias, boleros,*
*merengues y una que otra pieza de salsa. Los clientes, en su mayoría jóve-*
*nes e indocumentados, beben cerveza, cuentan chistes y se lanzan bromas,*
*sin distraerse demasiado porque deben estar listos a emprender carrera por*
*la primera puerta, en caso de que aparezcan los temidos agentes de*
*Inmigración, o que un borracho enojado empiece a tirar botellas y sillas y*
*se arme un desorden. Es necesario gritar para ser escuchado y para que las*
*aventuras, a cual más increíble, no sean narradas en vano. No faltan los*
*cumplidos para las camareras y, para los amigos, los ingratos insultos con*
*sus respectivos y denigrantes apodos. Se exigen y se obsequian tragos; se*
*discuten detalles que a nadie importan pero que, sin embargo, es necesario*
*defender con acalorados argumentos, a capa y espada y, en última instan-*
*cia, recurriendo a los puños pues, aun en tierras lejanas, entre esta gente*
*es de consenso popular aquello de que "ser latino significa no andarse con*
*medias tintas, no importan las consecuencias". En la mesa de Calixto se*
*habla del año que está por terminar y de los planes para el que se avecina.)*

*(Juancho, después de empinarse un vaso de cerveza, eructar ruidosa-*
*mente y disculparse con el usual "eskiusmi".)*
Yo llevo un año en este país y todavía ando en lo mismo. Como
no hablo inglés sólo consigo trabajos insignificantes.
A mí también me toca pesado lavando ollas y platos. Uno de los
días que más odio es el viernes.
Sí. Ese día hay que empezar a trabajar a las tres de la tarde, sin
parar hasta las tres de la madrugada.
Yo termino molido y con los pies hinchados. Y bien borracho,
porque el dueño nos hace tragar cerveza tras cerveza para que aga-
rremos calor y trabajemos como burros.
Cuando me tiro a la cama nunca más quisiera moverme de ahí.
Sí, pero hay que levantarse temprano para trabajar sábado.

Y el sábado es todavía más difícil.

Es duro trabajar de lavaplatos. Pero es de lo que más abunda. Dicen que para los restaurantes de Washington está de moda tener, por lo menos, un lavaplatos salvadoreño. Tenemos fama de buenos trabajadores.

Fama de esclavos será. Porque hacemos de todo. No le arrugamos la cara a nada.

(Juancho, entusiasmado.)

Echémonos el otro trago pues. Por el año nuevo. O por el viejo. Por el que sea. La cosa es echárselo.

A un amigo, hace unos días por poco lo agarra la Migra. Lo habían denunciado. Pero se les escapó a los dos agentes que lo habían acorralado.

¡Qué listo es ése tu amigo!

Pero ya no quiso regresar donde vivía porque pensó que lo irían a buscar ahí. Y, días después de que pasó a recoger sus pertenencias, se encontró con que se las habían aventado a la calle.

¿Y adónde se fue a vivir?

Vino al apartamento en que yo vivo, a ver si le alquilaban aunque fuera una esquina donde dormir. Ahí vivimos cuarenta.

¡Cuarenta! ¿Cómo es posible que en un apartamento vivan tantos?

Es que ahí se vive por turnos. Los que trabajan durante el día, llegan a dormir en la noche; y los que trabajan en la noche, duermen en el día, ¿me explico?

O sea que, en realidad, ahí sólo viven veinte.

Así es. Veinte de día y veinte de noche.

Qué desorden.

Pues el amigo de la historia llegó con suerte. Porque un día antes habían pescado a uno de los que vivían ahí, y quedó vacante el "closet" en que dormía. La dueña se lo alquiló de inmediato.

¿Un "closet"?

Sí, un cuartito donde se guarda la ropa.

En un cuarto de esos no cabe nada. ¿Cómo es posible que un hombre pueda dormir ahí?

La dueña ha metido una cama pequeña. Y el amigo está feliz porque sólo paga ciento cincuenta dólares al mes. Una ganga. Dice que cuando se mete en el "closet" y apaga la luz siente como que está durmiendo en un ataúd.

¡Como si fuera Drácula!

(Ríen.)

Yo cumplí un año de haber cruzado el río Grande.

¿Cruzaste el río Grande o el río Bravo?

Es el mismo. En México se llama Bravo y en los Estados Unidos, Grande.

Es como cruzar dos ríos.

Así parece.

Entonces ya cumpliste un año de "mojado", Calixto.

En un momento te vamos a cantar aquello que dice "Sapo verde tu yu".

(Calixto, tratando de ignorar las bromas de sus compañeros.)

Y he probado varios trabajos. Limpieza de ventanas, de edificios, lavaplatos, jardinería, pintura de apartamentos; hasta en construcción he trabajado.

Yo, el otro año pienso regresar a mi país. Aunque sea a comer frijoles, pero voy a estar en mi tierra.

En el país ahora no se puede hacer nada. No hay trabajo. Aquí, aunque uno trabaja como macho de carga, al menos hay empleo.

Tal vez el otro año nos trae mejor suerte. Pienso ir a la escuela para aprender inglés y ver si así puedo conseguir mejor empleo.

Quizás las cosas se arreglen en el país. Y podamos regresar.

Mejor nos tomamos otra cerveza.

De acuerdo.

¡Salud!

¡Para que el otro año no lavés tanto plato!

¡Salud!

¡Para que no limpiés muchas letrinas!

¡Salud!

¡Para que te casés con una gringa y te dé la residencia!

¡Salud!

¡Por el año nuevo!

¡Salud!

(Desde el fondo de la cantina gritan de pronto: ¡Qué viva América Latina! e inmediatamente todo el mundo se pone de pie alzando botellas y vasos para corear "¡Qué viva!". Por un momento, en el concurrido bar flota un sentimiento de hermandad. Los que ahí se encuentran de pronto recuerdan que los une un destino común; que aunque la pobreza y la violencia acongojan a sus tierras nunca dejarán de ser sus queridas patrias, algo que nada ni nadie, ni siquiera la distancia, puede arrebatarles. De la cinquera, mientras tanto, emana la fuerte voz de Tony Camargo.)

"Yo no olvido el año viejo
porque me ha dejado cosas muy buenas,
me dejó una chiva, una burra vieja
una yegua blanca y una buena suegra. . ."

# 61

## ENCUENTRAN CADÁVER DE MUJER

Los restos de una mujer fueron encontrados en la vecindad del cantón El Jocote, San Miguel, los que las autoridades locales identificaron como los de Teresa de Jesús Delgado, de veinte años de edad, quien, según el testimonio recogido de algunos vecinos, había regresado recientemente de los Estados Unidos, de donde fue deportada por haber ingresado en ese país sin documentos legales. Se cree que fue asesinada por represalias políticas.

*La Tribuna*
San Salvador, 14 de octubre de 1986

# 62

Calixto, José y el soldado fueron puestos en libertad un mediodía. Llamaron sus nombres por los parlantes para que se presentaran a la oficina. Les entregaron una certificación de pago de la fianza y sus pasaportes fueron retenidos. Luego abrieron la entrada principal de la prisión, los sacaron a la calle y tras ellos cerraron la enorme puerta de hierro.

—Esto es como cuando uno sale del cine —dijo José—. De la completa oscuridad a la luz de la calle.

A la salida usualmente esperaban carros de alquiler, y algunos voluntarios de organizaciones comunitarias dispuestos a ayudar a los ex-presidiarios, pues éstos salían completamente desorientados. Pero ese día la calle estaba desierta y Calixto y compañía empezaron a caminar en dirección opuesta a la prisión.

—Juancho pagó mi fianza y Toño la tuya —dijo Calixto a José—. Y también nos reservaron el pasaje en un avión que sale a las dos de la tarde del aeropuerto de El Paso hacia Atlanta, Georgia.

—¿Cómo lo supiste?

—Antes de salir, en la oficina me permitieron hablar por teléfono con Juancho.

El soldado explicó:

—Mi hermano vive en Silver Spring, Maryland, y pagó mi fianza, y también me apartó el pasaje de un vuelo hacia Washington, pero no estoy seguro a qué hora sale.

—A lo mejor es el mismo vuelo de nosotros —dijo Calixto.

—Es posible. Entonces podemos irnos juntos al aeropuerto.

—Muy bien. Pero, ¿cómo hacemos para ir al aeropuerto?

—Mi hermano me dijo que debía estar en el aeropuerto mucho antes del vuelo. Para buscar la línea aérea, registrarse y abordar el avión antes de las dos de la tarde.

—Esto sí que es un gran problema. Estamos libres pero no sabemos cómo hacer uso de nuestra libertad.

Los tres permanecían en medio de la calle sin saber qué hacer. En eso advirtieron que unas mujeres agitaban las manos hacia ellos y los llamaban por sus nombres cuando salían de la prisión. Se trataba de Silvia y Elisa. Retornaron el saludo y las muchachas se unieron a ellos.

—Todos juntos de nuevo —dijo el soldado con cierta emoción.

—Mi esposo pagó la fianza por las dos —afirmó Silvia—. El vive en Virginia. Nos reservó un pasaje por avión para Atlanta y luego hacia Washington.

—Para ese lugar vamos nosotros también —dijo José.

—Qué coincidencia. Como si todos nuestros familiares se hubieran puesto de acuerdo para sacarnos de la cárcel el mismo día.

—Es que la abogada nos ayudó mucho es esto. Sin ella quizás todavía estuviéramos en la cárcel.

—Este viaje ha sido una verdadera aventura —dijo Calixto—. Nunca en mi vida me hubiera imaginado que iba a pasar por todo lo que he pasado.

No hallaban cómo llegar al aeropuerto, ni tenían un centavo en la bolsa para pagar un taxi. Entonces decidieron regresar a la prisión y llamaron a la puerta con insistencia hasta que salió un inspector.

—¡Estamos perdidos, no sabemos cómo ir al aeropuerto!

El inspector, sin abrir la puerta, regresó al escritorio y tomó el teléfono. A todo esto el tiempo corría. El reloj de El Corralón marcaba la una de la tarde. El avión despegaba a las dos y ellos todavía se encontraban en la puerta de la prisión.

Finalmente el hombre salió a la calle.

—No se preocupen que yo mismo los llevaré.

Entraron inmediatamente en el carro y a gran velocidad fueron directo al aeropuerto.

—Esto no es lo usual —dijo el inspector, un hombre de origen colombiano—. Pero veo que ustedes están en un momento de emergencia y no quiero que pierdan el avión.

Cuando llegaron al aeropuerto los detectó Inmigración y quiso arrestarlos, pero los dejaron tranquilos cuando mostraron los documentos que recibieron en El Corralón, y cuando el inspector que los acompañaba explicó la situación a sus compañeros oficiales.

Calixto y compañía llevaban pegado el sello de indocumentados. Aún vestían la misma ropa con que habían iniciado el viaje.

Finalmente, con la ayuda del inspector, sacaron los boletos y lograron abordar el avión antes de que despegara.

Hicieron escala en Atlanta, y luego volaron hacia el aeropuerto Nacional de Washington, D. C., al que arribaron de noche.

Descendieron del avión y se internaron en los pasillos del aeropuerto. Un grupo de personas esperaba en la sección de equipajes. Silvia descubrió a su esposo, corrió hacia él y ambos se abrazaron.

—No sabés lo que hemos sufrido para llegar aquí —dijo ella con lágrimas en los ojos.

Toño y Juancho esperaban en una esquina. José les gritó:

—¡Toño, Juancho, aquí estamos!

Vinieron al encuentro y recibieron a José y a Calixto con fuertes abrazos.

—Púchica —dijo Toño—. Tienen aspecto como de haber recibido un gran susto.

—Pues yo creo que fue peor que eso —dijo Calixto—. Estos últimos días han sido los más difíciles de mi vida.

El soldado ya había encontrado al hermano y platicaban emotivamente en el pasillo.

—Este viaje sí que fue una aventura increíble.

—Ya lo creo. Gracias a Dios que llegaste bien. Ahora podés empezar una vida nueva.

—Tengo el tiempo limitado. En unos meses debo presentarme a las autoridades de Inmigración y ellos decidirán mi caso. Ojalá no me deporten.

—Eso es cosa tuya. Pocos son los que se presentan.

—Si no lo hago darán orden para mi captura. Y perderemos el dinero de la fianza.

—Lo importante es que ya estás aquí. Lo demás es lo de menos.

Los compañeros de viaje se despidieron y cada uno partió con sus familiares en direcciones diferentes.

—¡Bienvenidos a los Estados Unidos! —dijo el esposo de Silvia a las dos muchachas—. Gracias a Dios que llegaron y que ya estamos juntos.

—No te imaginás por todo lo que hemos pasado —dijo Elisa.

—Ya me lo imagino. No olviden que yo vine a este país de la misma forma. Pero de todos modos quiero que me lo cuenten todo.

Los esposos, seguidos por Elisa, salieron abrazados del aeropuerto y se dirigieron al estacionamiento de automóviles.

Calixto, José, Toño y Juancho abordaron un taxi hacia Washington y, mientras ellos hablaban sobre el viaje, Calixto se recostó en el asiento, respiró profundamente y cerró los ojos.

El recuerdo del barrio ocupó nuevamente su memoria. Recorrió las calles, saludó a los amigos que usualmente encontraba a su paso, entró en el mesón Misericordia y luego en la pieza donde lo esperaba su esposa con la cena servida. Los frijoles y las tortillas despedían el familiar y sabroso aroma. Calixto observó a Lina y pensó que su mujer aún conservaba su agradable figura a pesar de la edad, el trabajo y las preocupaciones por los hijos. Los niños jugaban en el patio.

Abrió los ojos y, ante su cansada vista, apareció la carretera junto al ancho río Potomac que separaba a Virginia de Washington. Las borrosas imágenes del barrio se resistían a abandonar su memoria, y Calixto pensó:

"En realidad no estoy lejos de mi gente ni de mi tierra. Los tengo tan cerca de mi corazón que es como si nunca me hubiera separado de ellos."

*Julio 1983-Noviembre 1998*

# Acerca del autor

Mario Bencastro nació en Ahuachapán, El Salvador, en 1949. Su primera novela, *Disparo en la catedral*, fue seleccionada como finalist entre 204 para el "Premio Literario Internacional Novedades-Diana", México 1989, y publicada para la Editorial Diana en 1990. En 1988 su obra *La encrucijada*, fue puesta en escena por el Grupo de Teatro SCH en el Thomas Jefferson Theatre, Arlington, Virginia, la cual fue escogida para el "Festival Internacional de Teatro" de la Universidad Georgetown, Washington, D.C., 1989.

En 1993 se publicó en El Salvador su libro de cuentos *Árbol de la vida: historias de la guerra civil*, bajo la dirección de Editorial Clásicos Roxsil. Escritos entre los años 1979 y 1996, varios de estos relatos han sido seleccionados para antologías internacionales.

"El fotógrafo de la muerte" e "Historia de payaso", fueron adaptados al teatro. Éste último fue traducido al inglés para las antologías *Where Angels Glide at Dawn* (HarperCollins, Nueva York, 1990) y *Turning Points* (Nelson, Canadá, Ontario, 1993). "El fotógrafo de la muerte" se incluye en *Texto y vida: Introducción a la literatura hispano-americana* (Hartcourt Brace Jovanovich, Tejas, 1992). "La diosa del río" es parte de *Antología 3x5 mundos: Cuentos salvadoreños 1962-1992* (UCA Editores, San Salvador, 1994). "El jardín de Gucumatz" apareció inicialmente en *Hispanic Cultural Review* (Universidad George Mason, Virginia, 1994). "El fotógrafo de la muerte" también se encuentra en *Vistas: voces del mundo hispánico* (Prentice Hall, Nueva Jersey, 1994).

En 1994 su novela breve *El vuelo de la alondra* resultó finalista en el Premio Literario "Felipe Trigo", Badajoz, España.

Arte Público Press ha publicado *Disparo en la catedral* (1997) y la versión en inglés: *A Shot in the Cathedral*, (1996), así como *Árbol de la vida: historias de la guerra civil* (*Tree of Life: Stories of Civil War*, 1997) y *Odyssey to the North* (1998).